rote reihe

50

herausgegeben von franz blasl

---

lilli friedemann

einstiege in neue klangbereiche durch gruppenimprovisation

---

universal edition

ISMN 979-0-008-06658-0
UPC 8-03452-04963-0
ISBN 978-3-7024-0061-3

INHALT

Lilli Friedemann, Hamburg, ursprünglich Geigerin, fand aus improvisatorischem Spiel zum Tanz und aus dem Studium der neuen Klang- und Ausdruckswelt den Weg zu jener Musizierform, die in den Heften 50 und 7 der Roten Reihe eine pädagogische Erschließung gefunden hat, darüber hinaus aber durch zahlreiche Kurse und Seminare für Nachwuchskräfte verbreitet wird.

Weitere Arbeiten der Autorin zum Thema Gruppenimprovisation: Gemeinsame Improvisation auf Instrumenten (1964, Bärenreiter), Improvisieren zu Weihnachtsliedern (1968, Bärenreiter), Kinder spielen mit Klängen und Tönen (1971, Möseler).

VORWORT

Die vorliegende Arbeit ist als eine Art Vorstufe zu Rote Reihe 7 zu betrachten. Eine „Art Vorstufe" deshalb, weil die „Kollektivimprovisation als Studium und Gestaltung neuer Musik" zwar im großen gesehen die höheren Anforderungen stellt, jedoch in bezug auf Rote Reihe 50 keine direkten und nahtlosen Anschlußpunkte aufzeigt. Auf jeden Fall werden h i e r , in Rote Reihe 50, Grundlagen für die Gruppenimprovisation in einer Form erarbeitet, wie sie größeren Kindern und Jugendlichen, aber auch Erwachsenen entspricht. Durch sie können a l l e Mitglieder einer Gruppe oder Klasse, die „unmusikalischen" wie die „musikalischen", die unvorgebildeten wie die vorgebildeten, zur neuen Musik geführt werden.

D o r t , in Rote Reihe 7, werden dagegen die weiterführenden Wege beschritten, wobei vor allem an kleinere Gruppen von Instrumentalisten und eventuell an bereits aufeinander eingestellte Ensembles gedacht ist. In beiden Fällen handelt es sich nicht um theoretisch konstruierte und kombinierte Verhaltens- und Arbeitsweisen, sondern um praktisch erarbeitete und erprobte. Sie sind durchwegs unmittelbar aus dem Improvisieren mit Kindern, Jugendlichen und Erwachsenen hervorgegangen.

Nicht zuletzt aus diesem Umstand erklärt sich auch der lockere Stil der Autorin. Ihre zahlreichen Kursteilnehmer werden sie beim Lesen dieses Buches lebendig vor sich sehen. Frau Friedemann selbst gab dem Verlag über ihre Art zu formulieren folgende Erklärung:

„Ich bin ein Praktiker, und ich möchte kein bis zum Überdruß betontes ‚Schrift-Deutsch' oder gar eine wissenschaftliche Ausdrucksweise verwenden m ü s s e n . Lassen Sie darum einiges, was mehr aus einer Laune heraus wie ‚gesprochen' klingt, ruhig auf meine Verantwortung hin stehen."

E i n s a t z m ö g l i c h k e i t e n   d e s   B u c h e s :

Schulklassen, Musikschul-Ensembles, Kinder- und Jugendgruppen der Sekundarstufe I (ab 5. oder 6. Schuljahr), aber auch Gruppen aus oder mit älteren Mitgliedern, und zwar im Durchschnitt mit größerer Teilnehmerzahl.

Lilli Friedemann   Franz Blasl

I GRUNDSÄTZLICHES

1. Musikerziehung im Sinn einer Entwicklung der Gesamtpersönlichkeit

Beim kreativen gemeinsamen Musizieren in Kinder- und Jugendgruppen offenbart sich mehr als rein musikalische und intellektuelle Fähigkeit. Die Gesamtpersönlichkeit jedes Gruppenmitglieds wird aktiviert im menschlichen Verhalten der Gruppe gegenüber, in der Vitalität, Phantasieentfaltung und Darstellungskraft beim musikalischen Spiel, in der Beobachtungsgabe, dem Bewußtseinsgrad, der inneren Selbständigkeit bei Führungsaufgaben. In all diesen Punkten kann jedes Gruppenmitglied beobachtet, gefördert und entwickelt werden.

Die Beobachtung von Kindern läßt Entfaltung der Persönlichkeit in folgenden Richtungen erkennen:

Von der Bezogenheit auf sich selbst zur Kommunikation und Reaktion auf die Partner,

von der Nachahmung zur Selbständigkeit, zur Initiative und zum bewußten „Gegenspielen",

von der spontanen und rohen Vitalitätsäußerung zu Gestaltung und Differenzierung,

von der ganzheitlichen Darstellung zu assoziativen Gestaltungsinhalten und zur Abstraktion (z. B. zu „absoluter" Musik),

vom unbewußten zum bewußten Erkennen und Tun,

vom Wahrnehmen des Gesamteindrucks zum Erfassen von Einzelheiten (vom Ungefähren zum Genauen),

vom „Leben im Augenblick" zur Einbeziehung von Vergangenheit und Zukunft,

von Gestaltungen in zuständlicher Form (als ungefähre Wiederholungen) zur Gestaltung von Entwicklungsformen.

Eine Anordnung musikalischer Übungen kann nicht allein dadurch Sinn und Wert erhalten, daß sie in folgerichtigem Aufbau zur Beherrschung bestimmter, von Erwachsenen vorher festgelegter, musikalischer Fähigkeiten und Wissensstoffe führt. Es sollten vielmehr alle musikalischen Übungen auf die Entwicklung der gesamten kindlichen Persönlichkeit abgestimmt werden. Nur so können wir verhindern, daß kindlichem Geist und kindlicher Psyche im Musikunterricht Gewalt angetan wird, daß keimende oder schon erwachte Kräfte unbeachtet bleiben und verkümmern, während noch schlummernde Kräfte künstlich ans Licht gezogen und, ungestützt durch einen entsprechenden Stand der Gesamtentwicklung, hochgezüchtet werden.

Wenn man die Beobachtungen über die oben skizzierten Entwicklungsrichtungen als allgemeingültig akzeptieren will, und wenn es gelingen sollte, die Progressivität musikalischer Übungen und Spielformen den betreffenden Entwicklungen parallel anzuordnen, so könnten sich klare Wege für die Ausbildung musikalischer Fähigkeiten abzeichnen. Ihre Ziele würden jeweils den zuletzt genannten Stufen der verschiedenen Entwicklungsrichtungen entsprechen. Die Summierung der so erreichten Fähigkeiten könnte als Endziel gelten. Doch sind weder die menschliche Persönlichkeit noch die Musik in ihrem Werdegang und ihrer Struktur so leicht durchschaubar, wie es an dieser Stelle aussehen mag.

Tatsächlich sind die obengenannten Ausgangspunkte, etwa die Bezogenheit auf sich selbst oder der Nachahmungstrieb, ja nicht Dinge, über die Erwachsene endgültig hinauswachsen bzw. hinauswachsen sollten. Es handelt sich beim Erwachsenwerden vielmehr um eine E r w e i t e r u n g der Möglichkeiten und um eine Verschiebung der Gewichte.

Während z. B. kleine Kinder noch kaum einen anderen Ausweg aus ihrer Bezogenheit auf sich selbst finden als die Nachahmung, bedeutet die letztere für den Erwachsenen eine von vielen Möglichkeiten des Reagierens, auf die aber auch ein verhältnismäßig selbständiger Mensch in unbekannten Situationen gerne zurückgreift. Bezogenheit auf sich selbst wiederum — als möglicher Zustand, nicht als Eigenschaft — bedeutet dem Erwachsenen nicht längst abgetane Vergangenheit, sondern oft genug heimlichen, nur zu selten erfüllbaren Wunsch. Und es wäre absurd, das Wahrnehmen eines Gesamteindrucks als eine für den Erwachsenen überholte Fähigkeit zu stempeln. Im Zuge der herrschenden geistigen Mode allerdings kann sogar eine geistige Umformung auf Kosten der Fähigkeit, einen Gesamteindruck wahrzunehmen, eintreten.

Wir begeben uns also auf die richtigere Spur, wenn wir die skizzierten Ausgangspunkte von Entwicklungsrichtungen nicht als Stadien und Fähigkeiten betrachten, die später durch höhere und bessere e r s e t z t werden, sondern vielmehr als Grundlagen der Persönlichkeit, die uns immer erhalten bleiben — oder bleiben sollten — und die das Fundament für die Vervollkommnung der Persönlichkeit in den angedeuteten Richtungen bilden. Was zunächst als „Weg" betrachtet wurde, auf dem man das Alte verläßt, indem man das Neue betritt, erweist sich in Wirklichkeit als ein W a c h s t u m nach allen Seiten hin, wobei nichts verloren geht, aber vieles infolge von Überlagerungen im Verborgenen weiterlebt, um bei passender Gelegenheit wieder als etwas Unentbehrliches zum Vorschein zu kommen.

Auch die Ausbildung musikalischer Fähigkeiten kann nicht in einer einzigen Richtung vom Ausgangspunkt fort in immer neues Gelände führen, sondern sie bedeutet Erweiterung nach vielen Seiten hin auf dem bleibenden Fundament von Grundfähigkeiten. Um einige praktische Beispiele aus dem musikalischen Bereich zu geben:

Spontane musikalische Vitalitätsäußerung sollte vom Erwachsenen nicht negativ bewertet und unterdrückt, sondern als ein Ausgangspunkt zu Kreativität und gestalteter Aussage akzeptiert werden.

Das Notenlesen sollte nicht a n s t a t t des anfänglichen Spielens nach dem Gehör, sondern, wo Interesse dafür vorhanden, z u s ä t z l i c h zu diesem erlernt werden.

Die Interpretation „fertiger" Musikwerke sollte kreatives Musizieren nicht ersetzen, sondern ergänzen.

Musikalische Vorgänge und Kompositionen müssen auch für Erwachsene nicht ausschließlich konstruktiv bzw. als Entwicklungsverlauf gestaltet werden, sondern können zuständlichen Charakter haben, wenn dafür Komplexität und Differenzierung auf anderen Ebenen gegeben sind.

Meditatives, auf sich selbst bezogenes Improvisieren kann mit loser Kommunikation der Partner untereinander verbunden sein.

Nachahmung und „Gegenspielen" (Kontrastbildung) schließen sich beim gemeinsamen musikalischen Gestalten ebensowenig aus wie bei hochentwickelten Kompositionsformen (Fuge), sondern bedingen einander in lebendigen Prozessen.

Der „absoluten" Musik stehen Oper, Musical u. ä. als entwickelte Formen der zunächst kindlichen „Gesamtdarstellung" heute wie von jeher gegenüber. Die „Aktion" beim Musizieren gewinnt von neuem auf dem Konzertpodium einen Platz.

Für das Auffinden einer neuen Methodik zum Ausbau musikalischer Fähigkeiten bedeutet dies, daß es kaum möglich und auch nicht notwendig ist, g e n a u e Stufenfolgen vom kindlichen und anfänglichen zum „erwachsenen" Musizieren hin zu finden. Auch anspruchsvolle musikalische Übungen und Spielformen können zum Teil Nachahmung, spontane Vitalitätsäußerung und ähnliches einbeziehen. Dennoch helfen die eingangs skizzierten Entwicklungslinien beim Klären und Durchschauen kindlicher und jugendgemäßer Musizierformen, denn sie zeigen in jedem Fall, was in frühen Stadien vorhanden ist und als Ausgangselement aufgegriffen werden kann. Sie zeigen auch Wachstums- und Entfaltungsrichtungen, so daß diese in der Musikerziehung mitvollzogen werden können. Die Tatsache, daß auch Fortgeschrittene ohne weiteres einzelne Grundfähigkeiten in das Musizieren einbeziehen können und müssen, befreit auf jeden Fall von dem ängstlichen Streben, möglichst rasch auf schnurgerader und enger Straße (und mit enger Stirn) ein „Ziel" zu erreichen.

Gerade die Integrierung einzelner einfacher Grundfähigkeiten in anspruchsvollere Übungsinhalte vermag dem Musizieren den Charakter des Spiels und des Vergnügens zu verleihen. Dies verhilft den Ausübenden zu entspannterer Einstellung, der besten Voraussetzung zur Entfaltung neuer und „höherer" Fähigkeiten. Durch immer neue Mischungen von elementaren und anspruchsvollen Forderungen ergeben sich unzählige Möglichkeiten an kreativen musikalischen Übungen und Spielformen, so daß sich auch beim Improvisieren mit Kinder- und Jugendgruppen das Bild des Wachstums nach allen Seiten hin einstellt. Dieses Wachstum — und nichts anderes — wird zum Sinn und Ziel musikalischer Erziehung. Menschen, die aufgrund einseitiger intellektueller Erziehung vital und geistig verkümmert sind, werden nur verkümmerte Musik hervorbringen — oder gar keine.

2. Musizieren und Erkennen in der Gruppenimprovisation

Wir nehmen im Musikunterricht mehr und mehr Abstand von einem leistungsbetonten, nicht selten gedankenlosen Musizieren nach Vorlage und mit Dirigent. Man versucht heute, diese Form von außen gelenkter Aktivität zu ersetzen durch kognitive Lernvorgänge aller Art: Akustik, Musiktheorie, Harmonie- und Formenlehre, Analysen alter und neuer Musik, Experimente mit dem Schall, Besinnung über Musik und Gesellschaft u. a.; hierin ist das Musizieren selbst kaum enthalten. Es gibt jedoch seit Urbeginn der Musik eine Musizierform, die nicht mit Gedankenlosigkeit, Dressur, Vorlage und Dirigat verbunden sein muß: die Improvisation.

Während traditionsgebundene Formen der Kollektivimprovisation, wie wir sie heute aus dem Orient und aus Afrika kennenlernen können, dem Einzelnen im Rahmen gegebener Formmodelle nur wenig Spielraum für Kreativität lassen, kann die Kollektiv-Improvisation bei uns mit dem Material der neuen Musik (Tongemische, Klangfarben, Geräusche und ametrische Rhythmen) dem Spieler Freiheit in verschiedener Hinsicht einräumen. Durch Verzicht auf vorgegebene Themen und auf Verlaufsmodelle können sich Selbständigkeit, Kreativität und musikalisches Bewußtsein bei den Improvisierenden entwickeln. Dies setzt allerdings voraus, daß man im differenzierten Gebrauch der neuen musikalischen Mittel Fähigkeiten und Erkenntnisse erwirbt, die die bei der traditionsgebundenen Improvisation gegebenen stilistischen und formalen Stützen zu ersetzen vermögen. Nur auf diese Weise kann auch die „neue" Gruppenimprovisation zu einer verständlichen nonverbalen Aussage werden.

Kreatives H a n d e l n und E r k e n n e n werden hierbei als Einheit erlebt; praktische Erfahrung wird Grundlage des Wissens. Rhetorische Geschicklichkeit und schlecht fundierte Theorie verlieren hier ihre Überzeugungskraft, ihren Wahrheitsschein. So kann Musikunterricht wieder im engsten Sinn und ohne Rückfall in alte Methoden musikimmanent werden.

Gruppenimprovisation, wie sie in diesem Heft verstanden wird, entwickelt die Fähigkeit, Musik zu verstehen und zu beurteilen, ebenso wie soziales Verhalten, Kreativität und Initiative. Sie ist auch imstande, psychischen Schädigungen entgegenzuwirken, denen Jugendliche ausgesetzt sind, oder die sie sich, ohne es zu wissen, u. a. durch einseitige und verbissene Betätigung des Intellekts selbst zufügen.

Zugleich aber, und vor allem, hat Gruppenimprovisation ihren Sinn in sich selbst. Dies läßt hoffen, daß sie sich als neue Musizierform auch im nichtpädagogischen Bereich weiterhin verbreitet und als Gegengewicht gegen einseitigen oder gar suchtartigen Musikkonsum auswirkt.

3. Freiheit und Einordnung in der Gruppenimprovisation

Die in diesem Heft beschriebenen Praktiken befassen sich fast ausschließlich mit dem Material der neuen Musik; gerade dafür ist die Gruppenimprovisation in besonderem Maß geeignet. Erklärende Worte erübrigen sich an dieser Stelle, da der ganze praktische Teil des Heftes Wegweisung für den Umgang mit dem neuen Material bedeutet.

Nötig ist dagegen die Betrachtung eines Grundproblems in der Gruppenimprovisation: wie weit soll Gruppenimprovisation musiksachbezogen aufgebaut, wie weit unter gruppendynamischen Aspekt gestellt werden? Wo ist das rechte Maß zwischen Regelungen und Einschränkungen der Freiheit durch den Leiter auf der einen Seite und Freiheit und Mitspracherecht der Gruppen- oder Klassenmitglieder auf der anderen Seite?

Für viele junge Menschen bedeutet Gruppenimprovisation mit dem neuen musikalischen Material vor allem Befreiung von Vorlagen und Klischees sowie ein Ventil für Vitalität bzw. Aggressionen, die sich unter Zwängen aller Art aufgestaut haben. Als Persönlichkeitsverwirklichung werden oft schon die simpelsten Improvisationsbeiträge hierin Unerfahrener angesehen, unabhängig davon, wieweit die Improvisierenden in geistiger Hinsicht entwickelt und zu Differenzierungen fähig sind. Daß sich mit der neuen Musik auch eine Art neuer Sprache entwickelt und Versuche, ohne vorausgehende musiksprachliche Übungen und Klärungen gemeinsam frei zu improvisieren, nur eine vage und undifferenzierte Form der musikalischen Kommunikation bedeuten können, wird dabei nicht erkannt. Auch wird häufig übersehen, daß gerade die von jungen Menschen neu postulierten Werte wie Kreativität, Sensibilisierung, geistige Selbständigkeit, musikalische Mündigkeit und nicht zuletzt soziale Einordnung bei einer lediglich als Befreiung von Zwängen und Aggressionen aufgefaßten Gruppenimprovisation niemals entwickelt werden können. Gruppenerlebnisse dieser Art können zwar durch besonders stimulierende Umstände eingeleitet werden und beim ersten Mal faszinieren; sie sind als solche aber nicht fortsetzbar. Sobald die Faszination des Neuen wegfällt und die musikalische Freiheit zur Gewohnheit geworden ist, ohne daß sich dafür in sachlicher Beziehung etwas erkennbar Neues auftut, schlägt die Begeisterung leicht in klägliche innere Leere um.

Man nimmt die Verschwommenheit der musikalischen Kommunikation wahr und erkennt die Notwendigkeit wie die Schwierigkeit, im unfaßbaren Raum der ‚Freiheit' Ansatzpunkte zu differenzierterem Hören und Reagieren zu finden. Diskussionen darüber führen ebenso häufig zum musikalischen Verstummen oder zu Entzweiung wie zu fruchtbaren Ergebnissen. Eine Aufteilung in kleine und kleinste Gruppen, innerhalb derer verbale und musikalische Einigung leichter wäre, ist in der Praxis selten ausführbar, am wenigsten in der Schule.

Aus solcher Situation ließe sich ein Ausweg finden durch das Sammeln von Kriterien. Da es schwer ist, während des eigenen Improvisierens das Ganze mitzuhören, und da es andrerseits zeit- und nervenraubend wäre, die meist tumultuösen Improvisationen von Anfängern von einem Tonband abzuhören, sollte man kleine Zuhörergruppen im Austausch einsetzen, die Kritik üben und Ratschläge geben, evtl. auch schon in einem selbstgewählten Augenblick ein Schlußzeichen geben. In der Schule würde sich das abwechselnde Improvisieren von zwei Klassenhälften mit anschließender Kritik durch die jeweils Zuhörenden empfehlen.

Diese Methode, zu Klärungen zu kommen, setzt den komplexen Einsatz musikalischer Mittel an den Anfang und führt zu allmählicher Einschränkung. Mit mehr oder weniger Erwachsenen haben solche Formen der Einführung schon oft zu sehr lebendigem Gruppenverhalten und zu sachlichem Erfolg geführt. In vielen Fällen, nicht zuletzt in Schulklassen, ist allerdings damit zu rechnen, daß die Musikwelt der Elternhäuser und die konsumierte Musik der Gruppenmitglieder auf die Improvisation übertragen werden; die erhoffte Selbständigkeit der Beteiligten beruht dann auf Illusion, und es fragt sich, warum der Leiter oder Lehrer weniger Recht zur musikalischen Beeinflussung haben sollte als Familie, Radio, Schallplatte usw. Weitere Nachteile können darin bestehen, daß beim Klärungsprozeß Intellekt und Kritik im Vordergrund stehen, daß sprachlich unbeholfene, schüchterne oder schweigsame Mitglieder auch hier, wo es um Musik geht, nicht zur Initiative kommen, daß der verbalen Verständigung viel Zeit eingeräumt wird und die Wirkung von M u s i k als solcher zunächst oder auch weiterhin nur am Rande einbezogen ist. Dies kann umso bedenklicher sein, je jünger und von ihrer Bildungsschicht her verschiedener die Mitglieder der Gruppe oder Klasse sind. In diesem Zusammenhang stellen sich folgende Fragen:

Wie weit ist das Mitspracherecht sinnvoll in einer Sache, die man noch nicht überschaut?

Kann die Wirkung, die beim Improvisieren innerhalb vorgegebener Ordnungselemente auch bei schwierigen Klassen oder bei Gruppen von Verhaltensgestörten eintritt, auch spürbar werden, wenn zu einem gewichtigen Teil der Stunde nur über Improvisation g e r e d e t wird?

Wir wissen, daß von jeder Musik, die im Sinne einer eigenständigen menschlichen Aussage gestaltet ist. Kräfte ausgehen, die durch Intellekt und Worte nicht ersetzbar sind. Wer diese Kräfte beim Improvisieren von Anfang an wirken lassen will, die Jugendlichen also Musik *erleben* lassen möchte, wird bei der Improvisation von vornherein Vorgänge anstreben, die in irgendeiner Weise für die Beteiligten von Rhythmus, Klang, Entwicklung oder ähnlichem her durchschaubar sind. Damit wird den Spielern ein Sich-Versenken in klingendes Geschehen ermöglicht, in das verbale Äußerung nicht eingreift. Solche Vorgänge werden der Freiheit der Beteiligten in dem Maße Grenzen setzen, daß sich Kreativität im engeren Sinn einstellen kann. Denn Kreativität ist nur denkbar im Spielraum z w i s c h e n Freiheit und Begrenzung.

Bei dieser Art des Vorgehens liegt der Beginn im kreativen musikalischen Handeln. Der Anspruch besteht darin, daß die Spieler auf bestimmte, akustisch deutlich wahrnehmbare Dinge hören und selbständig darauf reagieren sollen. Man geht hier von der Einschränkung der Mittel aus und kommt nach und nach zu Erweiterungen.

Auf der zuletzt beschriebenen Einstellung beruhen die Ausführungen der vorliegenden Arbeit. Die einzelnen Freiheitsbegrenzungen werden als S p i e l r e g e l n bezeichnet. Sie sind umso notwendiger, je größer und ungeübter eine Gruppe ist.

Die hier aufgezeichneten Spielregeln sollen einen Weg zeigen, wie man Improvisation in Gruppen oder Klassen von 11- bis 17-jährigen (und auch Erwachsenen) einführen kann, und wie die Spieler gerade durch diese Musizierform mit dem Klangbereich der neuen Musik vertraut werden können.

Es wird dabei versucht, die gesamte Persönlichkeit der Spieler — im Sinn der Ausführungen auf S. 4 — anzusprechen. Die Motivierung „Befreiung von Zwängen", „Ventil für Vitalität und Aggressionen" wird allerdings als der bei den meisten Jugendlichen heute zutreffende A u s g a n g s p u n k t akzeptiert. Die Spielregeln an den Kapitelanfängen setzen darum ein verhältnismäßig lautes vitales Spiel in Gang. Zuhörer und Kritiker werden eingesetzt, wo es sich aus der Spielform heraus ergibt.

Die meisten Spielregeln sind so eingerichtet, daß der Leiter den Grundgedanken mitteilt und zur Realisierung führt, daß aber die Gruppe sich am Ausbau oder am Variieren der Spielregel mit eigenen Vorschlägen beteiligen kann.

Zu letzterem können auch verhältnismäßig ungeübte Gruppenmitglieder imstande sein. Mit dem selbständigen Erfinden einer gruppendynamisch wie musikalisch ergiebigen „Grundspielregel" (s. S. 11) wären jedoch Kinder wie improvisatorisch weniger erfahrene Erwachsene im allgemeinen überfordert.

Darüber, wie weit im Gesamtbild der in diesem Heft angeführten Praktiken das rechte Verhältnis zwischen „Musik-Einleiten" und Umgehen von musikalischer „Manipulierung" der Jugendlichen erreicht ist, werden alle praktizierenden Leser des Heftes sicherlich verschiedener Meinung sein. Es gibt keine allgemeingültige Lösung dieses — zur Zeit sehr aktuellen — Problems.

4. Kriterien für den Wert einer Spielregel

Brauchbare Spielregeln für die Gruppenimprovisation können sehr verschiedene Funktionen haben. Die Unterschiede lassen sich veranschaulichen durch zwei „Ebenen", auf denen je zwei einander ergänzende Funktionen sich gegenüberstehen.

1. Ebene: Üben — Musizieren

2. Ebene: Gruppendynamischer Aspekt — musikalischer Aspekt

Von der 1. Ebene aus gesehen braucht man Spielregeln, durch die die Partner sich im Beobachten und Gestalten bestimmter Einzelfaktoren ü b e n und sich auf das Hören konzentrieren lernen. Man könnte diese Regeln auch Improvisations-Übungen nennen. (Beispiele: Rundspielen von Strukturen auf Fell, S. 19, Klanganknüpfen mit Pausen, S. 36.) Um sinnvolle Übungen dieser Art zu erfinden, muß man ein etwas erfahrener Improvisator und Pädagoge sein, der jeweils erkennt, woran es in der Gruppe fehlt.

Diesen Übungsvorgängen steht ein Improvisieren nach Regeln gegenüber, die einen überschaubaren, deutlichen und „stimmigen" musikalischen Prozeß auch bei Einsatz reicher klanglicher Mittel und viel individueller Freiheit gewährleisten. Man könnte solche Regeln auch als „Struktur-Vereinbarungen" bezeichnen. (Beispiele: Motspiel mit Hintergrundklängen, S. 48; Reaktionsstücke, S. 54.) Um solche Spielregeln zu erfinden, muß man außer von Pädagogik und Gruppenimprovisation viel von „Musik" verstehen. Man muß wissen, welche Art von Interaktionen der Gruppe einem Zusammenklang und einem Vorgang zu den oben genannten Eigenschaften (Überschaubarkeit, Stimmigkeit u. ä.) verhelfen können, und man muß zu umgehen verstehen, was zu Langeweile, Verschwommenheit oder „undefinierbarem Krach" führen kann.

Je besser eine Spielregel ist, desto mehr vereinigt sie beide genannten Funktionen. Auch Übungen sollen musikalisches Vergnügen bereiten. Bei fortgeschrittenen Gruppen gewinnt die Strukturvereinbarung den Vorrang, bis man auch genügend Erfahrung und Consensus für „freie" Improvisationen erworben hat.

Zur 2. Ebene: Worin besteht der gruppendynamische Aspekt für Spielregeln? Gruppenimprovisation sollte immer als ein Kommunizieren der Partner (einschließlich Leiter!) u n t e r e i n a n d e r verstanden werden; dazu gehört eine kreisförmige Sitzordnung oder eine beliebige Verteilung der Partner im Raum. Aus dieser äußeren und inneren Situation sollten Spielregeln hervorgehen. Eine „Front" kann es so nicht geben, weder in Form eines Dirigenten* (ohne Rollenwechsel) noch in Form einer Graphik an der Tafel. Denn eine Front beansprucht die Aufmerksamkeit der Gruppe und drosselt damit deren Interaktionen. Selbstdarstellung und soziale Einordnung, Verzichten und Reagieren, an rechter Stelle einsetzen und aufhören: all dies wird bei einer gruppendynamisch wertvollen Spielregel nicht dirigiert, sondern soll sich bei jedem Mitglied aufgrund eigener Einsicht freiwillig einstellen. Als eine r e i n gruppendynamische Übung könnte folgendes Beispiel gelten:

---

* Hiermit distanziert sich die Verfasserin von einzelnen Spielregeln mit einem Dirigenten im Heft Rote Reihe 7.

Die Gruppe steht im Raum verteilt, und jeder Spieler hat sich eine eigene Klangquelle ausprobiert. Nun führt einer nach dem andern a l l e i n e den von ihm entdeckten Klang vor; hierbei sollen die Klangaktionen der verschiedenen Spieler durch kleine Pausen getrennt sein. Die Reihenfolge ist beliebig; keiner darf den anderen beeinflussen.

Mit dieser schon nicht einfach erfüllbaren Spielregel ist noch keine Höraufgabe verbunden. Eine solche stellt sich ein, wenn es zusätzlich zur oben genannten Spielregel heißt: „Die aufeinanderfolgenden Klangaktionen sollen irgendeine Beziehung zueinander haben" (wie z. B. bei „Klanganknüpfen mit Pausen" durch Klangverwandtschaft).

Die erstgenannte, nur gruppendynamisch interessierende Spielregel kann u. a. als Vorübung für das „Klanganknüpfen" verwendet werden. Sie entwickelt aber darüber hinaus das soziale Einfühlungsvermögen der Gruppenmitglieder ganz allgemein und wirkt sich darum für das Verhalten wie für jede Art des Improvisierens günstig aus.

Der gruppendynamische Prozeß erstickt, wenn z. B. ein Lehrer der Klasse etwas Bestimmtes „beibringen" will, oder wenn er versucht, mit seiner Gruppe vorher geplante, fest umrissene musikalische „Resultate" zu erzielen, selbst wenn er dabei auf das Notenbild oder eine Graphik verzichtet.

Andrerseits fehlt im Grunde für eine klingende Aktion unter Partnern die stärkste Motivierung, wenn man nicht h i n h ö r e n will und wenn man sich nicht gemeinsam um Kriterien für die musikalische Verständigung bemüht. (Gemeinsame Mühe schafft inneren Zusammenhalt der Gruppe.) Das bedeutet die Notwendigkeit einer Ergänzung durch den musikalischen Aspekt.

Vereinbarungen, die gruppendynamischen Aspekten ebenso gerecht werden wie musikalischen, können beim Improvisieren höchst lebendige Prozesse in Gang setzen, in denen menschlich und musikalisch bedingtes Geschehen zu einer Einheit verschmelzen. Das 1. Kapitel der „Improvisationspraktiken" geht von Spielregeln mit vorwiegend gruppendynamischem Charakter aus; die Spieler werden zunächst durch vitale und lustige Formen von Interaktionen „aufgeweckt" und zur Mitverantwortung gebracht.

Spielregeln solcher Art, die aus einfachsten gruppendynamischen, instrumentalen und räumlichen Situationen hervorgehen, haben einen besonderen Wert; sie bilden das Fundament bzw. den Ausgangspunkt zu vielen Varianten und Erweiterungen und können als G r u n d s p i e l r e g e l n bezeichnet werden.

In therapeutischer Arbeit, also beim Improvisieren mit Verhaltensgestörten, geistig Behinderten, Neurotikern und Schizophrenen, ist immer der gruppendynamische Aspekt das Wichtigere. Allerdings darf man vielen geistig Behinderten und unter Angstzuständen leidenden Patienten keinen „Lärm" zumuten. Hier müssen die klanglichen Mittel vertraut und verlockend sein. (Übrigens darf man es auch unter Gesunden niemals übersehen, wenn einer sich die Ohren zuhält!) Spielregeln sollten in jedem Fall kontinuierliche Vorgänge einleiten, und diese Vorgänge s e l b s t sind der Sinn des Ganzen. Sie stehen im Gegensatz zu einem musikalischen „Basteln", d. h. zum Zusammenfügen von vorher fertiggestellten Einzelheiten zwecks gesicherten Endresultats.

Ganz echte Prozesse sind auch dann nicht möglich, wenn anstatt einer Strukturvereinbarung ein bestimmter zeitlicher oder dynamischer Verlauf vorher festgelegt wurde; denn dies lenkt wiederum vom Reagieren auf

die Partner ab und stellt die — das Gefühl für eine Entwicklung störende — Frage in den Vordergrund:
„Was kommt jetzt dran von dem Geplanten?"

Für Kinder und Jugendliche, aber auch für viele Erwachsene, die musikalisch gerne etwas darstellen, bzw. aufgrund von Assoziationen gestalten möchten, sind sogenannte S p i e l i d e e n geeignet. Hierfür bringt das Endkapitel Anregungen. Für das Einfangen solcher Spielideen muß man genügend „Musiker" sein, um zu wissen, ob die „Klangrollen", die hier eingesetzt werden, sich gegenseitig ergänzen und in der Wirkung erhöhen, oder ob sie sich stören und verunklaren. Vom musikalischen Ergebnis her gesehen, sind dabei von Kindern und Unkundigen vorgeschlagene „Zutaten" oft ein Ballast, weil sie vom „Denken" und nicht von musikalischen Gesamtvorstellungen herkommen und den Vorgang zu einem musikalischen Brei machen können. Musik sollte deutlich artikuliert werden, u. a. durch sparsame Anwendung und Kontrastwirkung der Klangrollen beim Realisieren von Spielideen. (Nur sehr kleine Kinder kritzeln vor sich hin und denken sich dabei etwas, das man nicht erkennt.)

Allerdings sollte jeder Leiter ausprobieren, wie weit er die Vorschläge der Kinder zunächst einbeziehen kann. Vielleicht erkennen die Kinder dann selbst, wodurch Musik zu einem „Klangbrei" wird. Pädagogisch wäre das Selbst-Erkennen-Lassen das Bessere; die Strapaze für die Ohren und damit die Gefahr von Unlust-reaktionen setzen hier aber, vor allem im Klassenunterricht, Grenzen.

Zur Ergänzung des Themas „Spielregeln" sollen hier auch Anregungen anderer Art folgen. Sie stammen von zwei erfahrenen Improvisationspraktikern:

Gerd Lisken (Bielefeld):

Eine gute Improvisationsregel für Schulklassen zeichnet sich meiner Ansicht nach durch folgende Kriterien aus:

Kurze, prägnante Formulierung, die gut im Gedächtnis haftet.

Altersgemäße Formulierung, das heißt umso anschaulicher, je jünger die Gruppen bzw. Klassen sind.

Genaue Bestimmung des Freiheitsraumes, den der Einzelne oder die Teilgruppe haben.

Keine Belastung mit technischen Angaben.

Beate Quaas (Hamburg):

Eine Gruppenimprovisation unterscheidet sich von einer Komposition unter anderem dadurch, daß durch die erstere ein Prozeß geschieht, eine Entwicklung verläuft, deren Ausgang ungewiß ist. Deshalb besitzt sie eine Lebendigkeit, die von vorwärtsdrängender Energie gespeist ist. Diese Energie wird frei durch die dauernde Spannung von gegeneinander wirkenden Kräften.

Spielregeln können solche Energien auf sehr verschiedene Weise auslösen, indem sie:

den Spieltrieb schnell und stark reizen, so daß man Hemmungen und „überlegen müssen" vergißt,

Hör-, Tast-, Bewegungssinne ansprechen,

musikalische Urelemente zum Leben bringen, aber auch differenzierte musikalische Struktur darin realisierbar machen,

überschaubare Form anbieten, aber auch Entwicklung offen lassen,

ohne großen Aufwand an Material und Spieltechnik auskommen, aber auch vorhandene virtuose Fähigkeiten ausnützen,

Entspannung und Spaß bieten, aber auch Konzentration fordern,

Äußerung des Ichs ermöglichen, aber auch das Angewiesensein auf die Gruppe bewußt machen.

5. Zur Vorbildung und Einstellung des Improvisationsleiters

Das Interesse von Jugendlichen an Gruppenimprovisation und die Aktivität auf diesem Gebiet sind innerhalb der letzten Jahre sehr rasch angestiegen. Vielleicht ist dies die Ursache dafür, daß sich Musikerzieher heute oft verpflichtet fühlen, Gruppenimprovisation anzuführen, auch wenn sie noch nie selbst als Partner einer Gruppe praktiziert oder an einem Lehrgang für Gruppenimprovisation teilgenommen haben. Im Unterbewußtsein wirkt wohl manchmal auch die alte Vorstellung: „Improvisieren kann man von selbst." Wenn jedoch ein hierfür nicht vorgebildeter Leiter in Partnerschaft mit Jugendlichen und anderen Gruppenmitgliedern, quasi ohne selbst zu dominieren, eine Improvisationspraxis zu entwickeln versucht, so kann sich dies zwar als Gruppenprozeß sehr lebendig auswirken, es wird dann aber die verbale Kommunikation, das heißt die vorbereitende Verständigung ü b e r Improvisationsvorgänge gegenüber den musikalischen Kommunikationsvorgängen vorherrschen. Der zukünftige Improvisationsleiter möge solche Versuche für sich als Vorstudium buchen, aber dabei nicht übersehen, daß Einstiege in produktive m u s i k a l i s c h e Kommunikation durch eine wenig erfahrene Gruppe nur schwerlich gefunden werden können. Denn ebenso wie in anderen Bereichen musikalischer Tätigkeit ist es auch bei der Gruppenimprovisation nötig, daß der Leiter das „Handwerk" beherrscht und darin Unbefangenheit und Übersicht gewonnen hat, ehe er Improvisation in Kindergruppen und Schulklassen einführt.

Zum „Handwerk" gehört u. a. die Beschäftigung mit Schlagzeugtechniken (zumindest für das Orff-Instrumentarium), mit Klangzeug und mit Klangverfremdungen (bei „klassischen" Instrumenten). Die Verfasserin weist hier, um sich in diesem Heft nicht wiederholen zu müssen, auf die zahlreichen Anregungen im Heft 7 der Roten Reihe hin, außerdem auf die in den verschiedensten Heften der Roten Reihe gegebenen Ausführungshinweise und Spielanweisungen. Eine gewisse Vertrautheit mit der Schlagzeugtechnik empfiehlt sich auch deshalb, weil der Leiter vor den bisweilen sehr geübten Schlagzeugern unter den Jugendlichen nicht gerade unbeholfen wirken sollte.

Der Erfahrungsvorsprung, den ein Improvisationsleiter vor seiner Gruppe haben sollte, darf ihn nicht daran hindern, beim Improvisieren selbst P a r t n e r zu sein, und zwar mit allen Rechten und Pflichten, die für die Gruppe gelten. Innerhalb dieser Rechte und Pflichten seien drei besonders wichtige Verhaltensregeln empfohlen:

1. E n t w e d e r spielen oder sprechen!
2. Die Leisen nicht überhören!
3. Niemand während des Improvisierens durch etwas anderes als durch das eigene Spiel beeinflussen!

Der Improvisationsleiter soll durch das eigene Mitspielen anregend, aber nicht dominierend auf den Vorgang einwirken und die Jugendlichen durch sein Verhalten davon überzeugen, daß Gruppenimprovisation den Erwachsenen nicht weniger Vergnügen bereitet als den Jugendlichen.

Nicht nötig erscheint es, in jedem Fall zu betonen, daß die Schüler beim Improvisieren auch etwas lernen. Natürlich sollen sie es bei guter Gelegenheit erfahren; sie fragen auch danach. Aber es gibt da Unterschiede zu anderen Lehrfächern. Lehrinhalte, die nur verbal erarbeitet werden, prägen sich dem Gedächtnis verhältnismäßig schwer ein. Sie müssen oft in die Erinnerung zurückgerufen werden; dazu kann die übliche Zusammenfassung des Gelernten am Schluß der betreffenden Schulstunden beitragen. Was man dagegen mit kreativer Beteiligung g e t a n hat, kann eher als klarer Eindruck im Gedächtnis bleiben. Eine Zusammenfassung des „Gelernten" kann darum nach einer lebendig ausgefallenen Improvisationsstunde in der Schule fade und überflüssig wirken; sie ist überdies kaum möglich, da man hier unbewußt auf sehr verschiedenen Ebenen zulernt. Vermeiden wir darum lieber, die Schüler in einem unpassenden Augenblick an den Lernvorgang beim Improvisieren zu erinnern. Wenn die Improvisationsstunde gut gelungen war, lag die Motivierung in der Faszination des Spielvorgangs selber, und die Jugendlichen sollten einmal vergessen dürfen, daß auch dies mit einem Lernzweck verbunden war.

Einige Ratschläge zur D i s z i p l i n . Sie kann auch bei starker innerer Beteiligung der Spieler zum Problem werden, sobald den Schülern Instrumente zur Verfügung stehen. Man überlasse darum den Schülern jeweils nur die Instrumente, die im Augenblick gebraucht werden. Unentbehrliche Voraussetzung für einen geordneten Ablauf stellt die oben genannte erste Verhaltensregel dar: Entweder sprechen oder spielen!

Ein zweites, ebenso wichtiges Ordnungselement liegt in der deutlichen Ansage und in der Befolgung einer Spielregel. Alle in diesem Heft aufgezeichneten Spielregeln grundlegender Art verzichten entweder auf Sonderaufgaben für einzelne, oder die Folge der Übernahme einer Sonderaufgabe ist in der Spielregel selbst enthalten, zum Beispiel „in der Reihenfolge der Sitzordnung" oder „in beliebiger Reihenfolge, aber jeweils nur einer" usw. Hierdurch erübrigt sich die Frage des Leiters nach jedem Teilvorgang: „Wer will jetzt . . . ?", worauf bei kindlichen Spielern stets ein großes, die Stille und Konzentration zerstörendes „Ich — Ich"-Geschrei antwortet. Auch der bei manchen Spielregeln nötige Wechsel zwischen Spielern und Zuhörern sollte sich wortlos und in übersichtlicher Ordnung, wie vorher besprochen, vollziehen. Durch Einhalten solcher äußerer Regeln, die dem jeweiligen Spielablauf angemessen sind, wächst die innere Spannung der Gruppe beim Improvisieren.

Bei der Arbeit mit vollständigen Schulklassen im Musikunterricht wird die Gruppenimprovisation im allgemeinen nur einen Teil der Stunde beanspruchen, am besten den Anfangsteil. Je jünger die Schüler sind, umso mehr Raum sollte die Gruppenimprovisation einnehmen. Gelegentlich wird sich auch eine Möglichkeit ergeben, den Improvisationsteil mit dem darauffolgenden musikunterrichtlichen Thema in einen inneren Zusammenhang zu bringen. Dies sollte aber nicht als ein „Muß" betrachtet werden, sonst tritt Verkrampfung ein zum Schaden der improvisatorischen Atmosphäre.

In Arbeitsgemeinschaften und in außerschulischen Gruppen sollte natürlich die ganze Arbeitszeit für das Improvisieren verwendet werden; denn das richtige Improvisieren geht erst los, wenn man „warm" geworden ist.

Zum Schluß noch ein Wort zum Problem des Konsums von vitalbetonter, lauter Musik durch die Jugendlichen, gesehen von der Idee der Gruppenimprovisation: Die beschriebenen Improvisationspraktiken sollen zunächst den Spieltrieb, die Entdeckerfreude, das Vergnügen an Klangfarben und auch das Bedürfnis Jugendlicher nach rhythmischer „lärmender" Musik auffangen. Wenn wir Jugendliche der Sekundarstufe im Schulmusikunterricht vorwiegend mit überlieferter, oft rhythmisch und klanglich verarmter Musik füttern, so geben wir den meisten unter ihnen nicht das, wonach sie verlangen, sondern das, was u n s als musikalisches „Bildungsgut" unerläßlich erscheint. Daß Musik vor allem Äußerung eines inneren Zustands ist, und daß Vertreter verschiedener Generationen auch aus unterschiedlichem innerem Zustand heraus Musik hören und machen müssen, wurde bisher weitgehend übersehen.

Wenn wir jahrelang versäumt haben, auf das Verlangen der Jugendlichen nach vitaler Musikäußerung einzugehen, gewinnt notwendigerweise eines Tages die Gegenreaktion die Oberhand, und die meisten Jugendlichen verfallen kritiklos rhythmusbetonter lärmender Musik als einer faszinierenden Erscheinung, die im einzelnen zu erkennen und zu unterscheiden sie nie gelernt haben.

Jugendliche dagegen, die von Kind an mit vitaler rhythmischer und klangfarbenreicher Musik praktisch umgehen durften, haben an diesem Punkt keine Verdrängungserscheinungen und sind überdies durch ihre Erfahrungen beim Gestalten zu differenzierteren Ansprüchen gelangt. Es ist zu hoffen — wir haben es noch nicht ausprobiert —, daß musikalisch so erzogene Jugendliche der jeweils aktuellen Vitalmusik kritikfähig und ohne Suchterscheinungen begegnen, auch wenn wir sie hierin nicht speziell beeinflussen.

Die starke Beziehung unserer Jugendlichen zur Klangfarbe hilft eine Brücke bauen, die zur Gestaltung und zum Verständnis der neuen Musik führt. Das neue musikalische Material befindet sich heute noch gleichsam in einem Schmelzzustand. Abenteuerliche Metamorphosen ihrer Gestaltungsmöglichkeiten zeigen, daß diese Musik noch lebt und „wird". Man kann diese Musik nicht sezieren, wie eine vergangene und erstarrte, aber man kann Kinder und Jugendliche mitgestalten und sich selbst verwirklichen lassen an diesem Material, solange es noch „heiß und flüssig" ist.

II   IMPROVISATIONSPRAKTIKEN

Die folgenden Improvisations-Spielregeln sind nach Themenkreisen geordnet. Jedes der 5 Kapitel zeigt in sich einen progressiven Aufbau, wobei zumeist eine Übung aus der anderen hervorgeht. Dies soll aber nicht zur geschlossenen Durcharbeitung der einzelnen Kapitel nacheinander verleiten, denn die Reihenfolge der Kapitel selbst hat hier nicht — oder kaum — die Bedeutung einer progressiven Folge. Die Anordnung der Übungen bei regelmäßiger Arbeit mit Gruppen oder Klassen ist vielmehr so gedacht, daß man zunächst die jeweils e r s t e n Spielregelfolgen aus jedem Kapitel nach Bedarf anwendet. Hieran kann man weitere Spielregeln aus den wechselnden Bereichen anschließen, und zwar so, wie sie innerhalb der Kapitel aufeinander folgen. Der Leiter hat also bei der Anordnung der Übungen den Spielraum, den er braucht, um auf die Reaktionen seiner Mitspieler eingehen zu können; er wird diesen Spielraum u. a. für die notwendige Abwechslung der Übungsarten ausnutzen. So kann sich etwa die Gruppe nach besinnlichem Spiel mit Klangfarben durch vitales rhythmisches Improvisieren "erholen" oder nach streng eingegrenzten Übungen durch Darstellungsspiele mit komplexem Einsatz der Mittel.

Allerdings sollte man in jedem Fall mit den Anfangsregeln aus einem der ersten drei Kapitel b e g i n n e n , bei Klassen und sehr lebhaften Gruppen am besten mit denen aus dem 1. Kapitel; denn für das 4. und 5. Kapitel wird schon etwas Vertrautheit mit Klangerzeugung und ametrischen Rhythmen vorausgesetzt.

Die letzten Spielregeln der einzelnen Kapitel stellen durchweg recht hohe Ansprüche und gehen zum Teil über eine Anwendung in der durchschnittlichen Sekundarstufe hinaus.

1.   Kommunikationsübungen

a)   Trommelphasen

Alle haben ein Fellinstrument oder einen Tisch (notfalls auch einen Stuhl mit Holzsitz) vor sich und benutzen nach Belieben Schlegel oder die Hände selbst bzw. die Fäuste oder Finger zum Trommeln.

A n f a n g s a k t i o n : Alle dürfen zugleich trommeln, jeder so lange und so laut, wie er möchte. Er darf aber höchstens einmal pausieren. Wer nach einer zweiten Trommelperiode wieder müde wird, soll aufhören. Die letztere Einschränkung kann in legaler Form verhindern, daß die Trommelei sich über mehr als 10 Minuten ausdehnt. Ein Schlußzeichen von seiten des Lehrers würde bei dieser Spielregel die Schüler mit Recht frustrieren.

G r u n d s p i e l r e g e l : Alle beginnen gleichzeitig zu trommeln und hören auch gleichzeitig wieder auf, beides ohne irgend eine Art von Signal und ohne einen voraus bestimmten Anführer. Diese Trommelphase sollte nur so lange dauern, daß jeder ohne Ausruhpause auskommt.

Hierbei spielt der Leiter am besten nicht mit; die Schüler könnten sonst aus alter Gewohnheit sein Aufhören als Zeichen zum gemeinsamen Schließen auffassen. Das gleichzeitige Aufhören gelingt gewöhnlich nach wenigen Versuchen überraschend gut, vorausgesetzt, daß die Spielregel allseits verstanden wurde.

1. E r w e i t e r u n g : Man spielt auf die gleiche Weise 2 Trommelphasen hintereinander, mit deutlicher Pause dazwischen. Die Phasen sollen ungleich lang sein, ohne daß vorherbestimmt wird, welche die längere wird. Damit man die Längen noch vergleichen kann, ist es ratsam, die Trommelphasen jetzt grundsätzlich viel kürzer als bisher ausfallen zu lassen. Einige Gruppenmitglieder fungieren dabei als Zuhörer und stellen fest (natürlich ohne Sekundenzeiger!), welche Phase länger war. Gelingt dies nicht eindeutig, so war entweder der Längenunterschied nicht groß genug oder die Gesamtlänge zu ausgedehnt.

Diese Aufgabe gewinnt bei großer Spielerzahl an Reiz, wenn man in 2 Gruppen teilt, von denen jede nur eine der beiden verschieden langen Phasen übernimmt. Vielleicht könnten die beiden Gruppen sich auch in der Klangfarbe unterscheiden, zum Beispiel hellere gegen dunklere Klangfarbe oder „Fellgruppe" gegen „Tischgruppe".

Durch die klangliche Abwechslung ist eine neue Art der Differenzierung angebahnt: die Phasen sollen sich jetzt nicht mehr nur nach der Länge, sondern auch nach der Dynamik oder Klangfarbe unterscheiden. Hierbei sind eigene Entscheidungen einer Gruppe natürlich nur dann möglich, wenn die dynamische und klangliche Situation zwischen beiden Gruppen nicht von vornherein feststeht. Für die folgenden Spielregeln braucht man also entweder nur e i n e Gruppe oder zwei bis drei mit den g l e i c h e n dynamischen und klanglichen Möglichkeiten versehene Gruppen.

2. E r w e i t e r u n g : Alle trommeln mit geschlossenen Augen und ohne Zeichengebung. Angestrebt werden nun 2 Phasen verschiedener Dynamik und möglichst auch verschiedener Dauer. Das heißt, daß alle genauso leise oder laut trommeln müssen wie der jeweils Beginnende. Damit sich die beiden Phasen dynamisch deutlich unterscheiden, ist es wichtig, daß jede Phase in sich gleich stark bleibt und nicht im Verlauf an- oder abschwillt, wie es bisher vielleicht oft geschehen ist. Vorstellungshilfe: „Klangbalken", die sich scharf gegen die Stille abzeichnen und in sich einheitlich gefärbt sind (z. B. schwarz oder grau). Es ist immer eine dichte (keinesfalls eine in metrische Rhythmen aufgeteilte) Trommelei gemeint, ob sie nun leiser oder lauter ist. Das Zeitgefühl soll sich auf die vollen Längen der Phasen (und Pausen) konzentrieren.

Bei diesen Übungen kann man weiterhin einen oder mehrere Berichterstatter einsetzen, die ausgewechselt werden.

Wenn es einige Male gelungen ist, zwei in Länge und Lautstärke verschiedene Phasen zu trommeln, kann man das gleiche mit je drei Phasen versuchen. Nun können auch die Pausenlängen differenziert werden. Da es für die Spieler selbst schwierig ist, drei Phasen als Ganzes zu überschauen, werden die berichterstattenden Zuhörer unentbehrlich. Diese sollen nicht nur beobachten und aufzählen, in welcher Form die drei Phasen verschieden waren; wesentlicher wird es jetzt, ob sie als zusammenhängendes Ganzes zu überzeugen vermochten oder willkürlich aneinandergeflickt wirkten. Demgegenüber ist es weniger wichtig, ob zum Beispiel alle Phasen verschieden lang waren.

Bei einer zusammenhängenden Folge von 3 oder mehr Phasen eröffnet sich für geteilte Gruppen die Möglichkeit, daß nach Belieben auch e i n e Gruppe zwei Phasen hintereinander spielen darf.

3. E r w e i t e r u n g : Da die Hände bedeutend differenzierter als Schlegel auf dem Fell „musizieren" können und da alle Spieler einheitliche Möglichkeiten haben müssen, soll man von nun an einheitlich ohne Schlegel spielen. Für extrem leise Trommelphasen werden die Spieler größtenteils unaufgefordert eine Technik anwenden, bei der anstatt der flachen Vorderhand die Fingerspitzen in rascher Abwechslung trommeln („regnen"). Allmählich kommen die Spieler in bezug auf die Anschlagsarten überhaupt auf viele neue Ideen, z. B.:

„Stumpfes" Anschlagen (die Hand bleibt kurz auf dem Fell liegen und dämpft so das Nachschwingen),

„Knipsen" gegen das Fell,

„Regnen" (mit flachen Fingern in raschem Wechsel trommeln oder auch mit gekrümmten Fingern, wobei die Fingernägel mit anschlagen).

„Wischen" mit oder ohne Akzente.

Häufig kommt es auch zur Vermischung verschiedener Anschlagsarten. Mit den neuen Anschlagstechniken treten neue rhythmische und klangliche Charaktere auf, die als S t r u k t u r e n bezeichnet werden können. Vor metrisch orientierten Ostinati sollten sich die Spieler hüten, da eine Phase durch sie in kleine gleichartige Teile zerhackt würde. Die Strukturen einer Phase sollten vielmehr trotz in sich unveränderten Charakters bei jedem Spieler unregelmäßig verlaufen. Schnelle oder langsame Schlagfolgen, Wischer, Akzente, Pausen fallen also auch im Tutti nie zusammen. Sie verlaufen vielmehr in lebendiger, nicht vorausschaubarer Folge. Die Dichte der Trommelschläge, die für den Anfang dieser Übungen empfohlen wurde, findet Variationen bis hin zu zeitlich weit getrennten Einzelschlägen, die ebenfalls ganz unregelmäßig fallen.

Alle Anschlagsarten sollen, ebenso wie vorher die Lautstärken, von allen Spielern in gleicher Weise ausgeführt werden; dies setzt voraus, daß man dem jeweiligen ersten Spieler zu Beginn einer Phase genau und vielleicht ein wenig länger als bisher zuhört, ehe man selbst mitmacht.

4. E r w e i t e r u n g : Durch die Differenzierung von Länge, Dynamik und Struktur sind die Gestaltungsmöglichkeiten beim Aneinanderreihen von Phasen sehr reich geworden. Man kann nun auch Abläufe versuchen, die aus 4 bis 5 Phasen bestehen. Hierbei wird sich, zumindest bei den Berichterstattern, das Interesse am inneren Zusammenhang der Phasen untereinander steigern. Der Leiter kann die Frage aufwerfen, ob nach Meinung der Hörer eine gewisse Entwicklung innerhalb der Phasenfolge stattgefunden und in welcher Richtung sie sich vollzogen hat (z. B. Steigerung, Verminderung, Verlangsamung, Übergang vom Wischen zum Schlagen usw.). Sehr spannend wird das Spiel, wenn man nicht festlegt, wieviel Phasen ein Vorgang enthalten soll, so daß die Spieler einen besonderen Sinn für das Ende eines Vorgangs entwickeln müssen. Man kann auch vereinbaren, daß ein Berichterstatter unhörbar zu erkennen gibt, wann ein Stück nach seiner Meinung zu Ende ist. Er könnte sich z. B. hinsetzen, wenn er vorher gestanden hat, oder umgekehrt. Das wäre besser als ein klingendes Schlußzeichen, das musikalisch sicherlich nicht hineinpaßt.

Eine reizvolle Situation ergibt sich daraus, daß die Spieler die Augen geschlossen halten, das Schlußsignal des Zuhörers also nicht bemerken können. Dies hat den Vorteil, daß die Spieler nicht von „außen" zum

Schließen veranlaßt werden, daß aber vom Zuhörer (oder von den Zuhörern) eine Entscheidung gefällt wird, die ein konzentriertes Mitgehen voraussetzt und über die man hinterher kurz diskutieren kann. Frage: Warum müßte hier Schluß gewesen sein?

Mehr Entscheidungsfreiheit für den Einzelnen gewährt die Vereinbarung, daß k e i n Consensus über den Schluß erwartet wird. Jeder Spieler hört dann nach der Phase auf, die er von sich aus als die letzte empfindet. Auf diese Weise ertönen am Schluß oft noch ein bis zwei „Nachspielphasen" von stark verkleinerter Gruppe, durch die der Gesamtvorgang musikalisch sehr gewinnen kann.

Das Spiel mit Trommelphasen bietet Gelegenheit zu starker Vitalitätsäußerung, fordert aber einen hohen Grad von Abstraktionsfähigkeit und Konzentration auf einen ziemlich engen klanglichen Bereich. Aus diesem Grund ist es nicht ratsam, diese Übungen mit kindlichen Spielern lange hintereinander zu betreiben. Man möge sie lieber eine Zeit lang in jeder Musikstunde in kurzen Abschnitten fortsetzen. Nur mit quasi Erwachsenen ließe sich — im Höchstfall — eine Übungsreihe aus Trommelphasen wie die bis hierhin beschriebene in einem Zug durchführen.

b) Rundspielen von Strukturen (Mots)

Homogenes Rundspielen
G r u n d s p i e l r e g e l : Die Spieler sitzen dicht in einem Kreis. (Die Praxis mit Schulkindern hat bei den folgenden Übungen erwiesen, daß die Spieler sich oft besser konzentrieren, wenn sie nicht einander zugewandt, sondern abgewandt, also nach außen gerichtet sitzen.) Alle Spieler haben gleichartiges Material zur Verfügung, entweder Fell oder Holztische, je zwei Joghurtbecher (klanglich sehr ergiebig!) oder Büchsen bzw. kleine Plastikeimer mit einem Schlegel. Es wird vereinbart, ob das Rundspielen rechts oder links herum gehen soll. Die Augen werden während des Spiels am besten geschlossen.

Ein beliebiger Spieler beginnt auf seinem „Instrument" mit einer bestimmten Bewegung oder Anschlagsart zu spielen, die zwar unregelmäßig und nicht metrisch gebunden ist, aber ihren Charakter beibehält: Wischen, Schaben, Klopfen oder „Regnen", evtl. mit unregelmäßigen Akzenten, stoßweisen Tremoli oder Geräuschen u. ä., gegebenenfalls mit beiden Händen etwas Verschiedenes zu gleicher Zeit. Solche im Charakter gleichbleibenden Bewegungsarten werden auch als „Strukturen" oder „Mots" bezeichnet (siehe S. 40 „Mot-Spiel").

Sobald der Nachbar das Mot des ersten Spielers vom Hören her erfaßt hat, macht er dasselbe, so genau er irgend kann, mit, jedoch keinesfalls rhythmisch „synchron" mit dem ersten Spieler, da beide ja unregelmäßig spielen. Nach kurzer Zeit kommt der dritte Spieler mit dem gleichen Mot dazu; dann hört der erste Spieler sofort auf. Wenn der vierte Spieler beginnt, hört der zweite Spieler auf, und so fort. Es spielen also immer zwei zugleich, während das Mot langsam durch den ganzen Kreis läuft. Wenn es wieder beim ersten Spieler anlangt, soll es noch immer das gleiche sein, das der erste Spieler erfunden hat.

Jeder Spieler sollte auch ohne hinzugucken heraushören, wann der übernächste Spieler einsetzt, wann er selbst also aufhören muß, und wie das jeweilige Mot technisch ausführbar ist; letzteres ist z. B. beim Spiel mit Joghurtbechern keine Kleinigkeit. Beim Fellspiel kann man mit nur wenig Übung heraushören, ob mit einem Finger oder mit allen Fingern, mit flachen Fingerkuppen oder „Krallenfingern" geschlagen wird, ob man knipst, ob man stumpfe Schläge mit liegenbleibender Hand gibt, ob man auf den am Fell liegenden Daumen klopft usw. Natürlich muß man auch beobachten, ob das Mot dynamisch gleichmäßig ist oder Akzente hat, und auch, ob es mit kleinen oder großen Pausen durchsetzt ist. Das Mot geht im Kreis herum, bis der erste Spieler wieder an der Reihe ist: dieser kann das Spiel abbrechen und sagen, ob das Mot im Klang und im rhythmischen Charakter richtig imitiert wurde.

1. E r w e i t e r u n g : Wenn diese Vorübung im Rundspielen der Gruppe allmählich besser gelingt, kann man das „Rundspielen mit Veränderungen" beginnen. Das Spiel hat den gleichen Anfang wie vorher, aber an die erste Runde schließt sich eine zweite an, innerhalb der das Mot eine ganz allmähliche Veränderung erfahren soll. Das bedeutet z. B., daß ein Spieler das Mot nur ein wenig schneller spielt als der vorige. Dies muß der folgende Spieler bemerken und seinerseits wieder ein wenig schneller werden; auf diese Art geht das Mot immer schneller im Kreise weiter, bis einer der Spieler, der gerade an der Reihe ist, ein Noch-Schneller-Werden nicht mehr für möglich oder gut hält; dann soll dieser das Tempo entweder unverändert „halten" oder wieder ein wenig ruhiger werden. Der nachfolgende Spieler muß sofort erfassen, daß das Tempo sich nicht mehr steigert, und kann je nach Situation das Tempo weiterhin halten oder noch mehr verringern. Der nächste Spieler setzt entsprechend der geltenden Spielregel fort; er sollte aber besser nicht noch als Dritter das Tempo „halten", sondern in jedem Fall langsamer werden. Man kommt nun allmählich in das gegensätzliche Extrem: schleppendes, schwerfälliges, evtl. von langen Pausen unterbrochenes Spiel, möglichst auch mit entsprechender Gestik und Mimik der betreffenden Spieler.

Wichtig ist während des ganzen Verlaufs, daß die Spieler auf das Spiel des jeweils l e t z t e n Partners reagieren und nicht etwa lange vor dem eigenen Einsatz schon zu wissen glauben, was kommt, und dieses dann ohne Rücksicht auf den Zusammenhang mit dem Spiel des Vorgängers durchführen.

Natürlich kann das Mot sich nach der ersten (gleichbleibenden) Runde auch zunächst zum Langsamen hin verändern und nach einem Tiefpunkt des Tempos wieder schneller werden.

Bald kommen die meisten Gruppen auch darauf, das jeweilige Tempo der Ausführung auf die Schnelligkeit der gegenseitigen A b l ö s u n g zu übertragen. Das ist überzeugend.

2. E r w e i t e r u n g : Es gibt noch viele andersartige Möglichkeiten, das Mot allmählich zu verändern. Naheliegend und verhältnismäßig einfach wären auch Veränderungen nur auf dynamischer Basis; dies geht gut, wenn die ganze Gruppe gleichartiges Material hat, z. B. lauter Joghurtbecher oder lauter gleichartige Tische, weniger gut dagegen mit Fellinstrumenten, weil diese meist von sich aus sehr verschieden stark klingen. Mit ein wenig geübten Spielern kann man auch vereinbaren, daß man auf Veränderungen des Tempos ebenso wie auf solche der Dynamik gefaßt sein muß, daß außerdem beide Parameter getrennt oder zugleich eine Veränderung erfahren können. Man soll z. B. darauf achten, ob das Mot lauter und zugleich schneller oder aber n u r lauter wird.

3. E r w e i t e r u n g : Ehe man auf das Rundspielen mit komplizierteren Veränderungen eingeht, kann man mit den bisher geübten Mitteln eine kurzweilige Variation des Rundspielens durchführen. Ein beliebiger

Spieler in der Runde schlägt plötzlich in schnellem Tempo auf sein Instrument; sofort sollen sich die Nachbarn rechts und links, oder nur einer davon, mit Schlagen anschließen, dann die nächsten Spieler usw.; aber bei jedem Fortsetzenden werden die Schläge etwas langsamer, bis an beliebiger Stelle Schluß ist. Hierbei soll jeder Spieler schon dann aufhören, wenn der nächste beginnt.

Nach einer kleinen oder größeren Pause setzt ein Spieler unerwartet wieder mit Schlagen ein, worauf die anderen Spieler wie vorher nacheinander reagieren. Das Ganze erscheint vielleicht wie ein lustiges Gesellschaftsspiel, bei dem es nur auf schnelles Reagieren ankommt. Aber es soll mehr daraus werden: es wäre z. B. sehr langweilig, wenn die Zeit, die vergeht, bis eine Bewegung zur Ruhe kommt, immer gleich lang wäre. Die Gruppe sollte die Länge der Laufphasen und der Pausen, die Dynamik, die (plötzliche oder allmähliche) Form des Aufhörens ständig variieren. Falls die Bewegung nach beiden Seiten weiterläuft, kann die eine früher, die andere später abbrechen. Was gäbe es noch an Überraschungen?

Schmunzeln ist gerne erlaubt, Reden auch bei diesem Spiel nicht! Ein Zuhörer kann vielleicht beobachten, ob das Spiel abwechslungsreich verläuft, und ein Schlußzeichen geben.

Der Spielablauf erinnert unausweichlich an das Auseinanderstieben aufgescheuchter Hasen. Nur fragt es sich, für welche Altersstufen unter Schülern man das Spiel danach benennen darf. Natürlich können auch andere „Tiere" aufgescheucht werden, z. B. solche, die galoppieren, springen oder humpeln. Das ergibt neue amüsante Probleme.

4. E r w e i t e r u n g : Zurück zum Rundspielen. Änderungen des Mots, die sich nicht auf das Tempo oder die Dynamik beziehen, werden wirkliche Strukturänderungen bedeuten. Sie zu erkennen und sinngemäß weiterzuführen, fordert großes Einfühlungsvermögen bei allen Spielern; niemand weiß, in welcher Form Änderungen zu erwarten sind, weil diese nicht so leicht zu bemessen sind wie etwa eine Tempoänderung. Aber gerade durch Strukturänderungen werden die Vorgänge erst interessant und zu kreativem Einsatz anregend. Man geht z. B. vom Schlagen allmählich ins Wischen über oder vom akzentlosen Spiel in ein akzenthaftes; man mischt in eine einheitliche Bewegungsart eine andersartige vorsichtig hinein und läßt diese allmählich dominieren, bis die erste ganz wegfällt, und dergleichen mehr. Natürlich können je nach Situation auch dynamische und zeitliche Veränderungen dazukommen; es kann dabei sehr drastisch und temperamentvoll zugehen.

Das Wesentliche bei diesem Rundspielen bleibt weiterhin, daß man die kleinsten Veränderungen wahrnimmt und als solche fortsetzt (also steigert), bis die Zeit für einen neuen Variationsgedanken gekommen ist. Auf diese Weise kommen deutliche Entwicklungen zustande, und man entgeht den Gefahren, daß man „auf der Stelle tritt" oder planlos herumprobiert. (Parallelen hierzu bringen Übungen aus den „Trommelphasen" und auch aus dem Kapitel „Klangfarbenspiel".) Zum gemeinsamen Gestalten einer Entwicklung gehört mehr als gutes Hinhören. Hier wird ein „Situationsbewußtsein" gefordert (siehe S. 37), d. h. ein schnelles Erfassen dessen, was im Augenblick vor sich geht, was vorher war und was im Kommen ist, ein Sinn für Spannungsgrade innerhalb eines längeren Ablaufs und ein Consensus der Gruppe für den Zeitpunkt des Schließens. Ein entwickeltes Situationsbewußtsein ist die erste und letzte Voraussetzung für das Gelingen freierer Gruppenimprovisationen, welcher Art sie auch seien. Das homogene Rundspielen von Mots ist gerade hierzu eine wertvolle Hinführung.

Rundspielen von Strukturen mit Gegensatzspiel

G r u n d s p i e l r e g e l : Das Mot wird zunächst wieder unverändert rundgespielt. Lebendigkeit und Spannung kommen nun durch den Einsatz eines kontrastierenden Mots („Gegenmots") in den Spielablauf. Man kann dies in e i n e m Kreis oder in zwei konzentrischen Kreisen durchführen.

Beim Spiel in e i n e m Kreis, der hierfür aus mindestens 12 Spielern bestehen müßte, sollte das Gegenmot in Gegenrichtung laufen und natürlich nicht zu gleicher Zeit wie das erste Mot einsetzen. Eine starke Gegensätzlichkeit vom rhythmischen Charakter her (z. B. schnell gegen langsam) und vom Klang her (evtl. Schlagen gegen Wischen) Ist bei der Erfindung eines Gegenmots notwendig, am meisten beim Spiel in e i n e m Kreis, da die beiden Mots sich sonst infolge des homogenen Klangmaterials nicht voneinander abheben würden. Bei den ersten Versuchen im Bilden von Kontrasten erfinden ungeübte Spieler oft nur variierte Imitationen des ersten Mots; für solche Spieler sollte man dem Rundspielen kurze Duo-Übungen nur für das Erfinden von je zwei gegensätzlichen Mots vorangehen lassen.

Während zwei Mots gegeneinander in die Runde laufen, ist der spannendste Moment der, in dem sich die beiden bei einem oder zwei Spielern begegnen. Diesen Spielern fällt eine interessante Aufgabe im Beherrschen einer unbekannten Situation zu, die sie ohne Zaudern — und ohne jedes Wort! — lösen sollen. In jeder Hinsicht sinn- und witzlos wäre eine verbale Anweisung oder gar ein vielstimmiges Palaver, wie man sich bei der Begegnung der Mots verhalten soll. Wenn die beiden Mots nach der Begegnung wieder klar getrennt in ihren zwei Richtungen weiterlaufen, so ist das Problem gelöst worden, ganz gleich auf welche Weise. Reden und Theoretisieren kann — auch hier — nur stören. Die Begegnung sollte einige Male — und hoffentlich immer an anderer Stelle — geschehen, ehe man das Spiel beendet.

1. E r w e i t e r u n g : Man darf die zwei Gegenmots, oder nur eins von ihnen, beim Rundlaufen in Tempo oder Dynamik auch verändern; dies ist aber nur in einem sehr großen Kreis möglich, da sich die Ereignisse sonst für jeden Spieler überstürzen würden.

Länger anhaltende, starke dynamische Gegensätze zwischen beiden Mots sind bei diesem Spiel zu vermeiden, da hierdurch das leisere Mot unhörbar wird und die Polyphonie aufhört.

2. E r w e i t e r u n g : Die Spieler sitzen in zwei konzentrischen Kreisen, und zwar so, daß die Spieler des inneren Kreises nach außen und die des äußeren Kreises nach innen sehen. Die Spieler der beiden Kreise sitzen also einander zugewandt. Jeder Kreis übernimmt eins der beiden Mots. Wenn vom Material her die Möglichkeit besteht, sollten beide Kreise mit verschiedener Instrumentalfarbe spielen, z. B. der eine durchweg auf Fellen, der andere einheitlich mit je zwei Stäbchen auf Tischen. So heben sich die Aktionen beider Kreise akustisch gut voneinander ab. Da der Ablauf des Spiels bei zwei Kreisen unkompliziert ist, kann man hier viele Formen des Gegeneinanderspiels erfinden:

B e i s p i e l e :
— Die Mots laufen in Gegenrichtung, und das Zusammenkommen der Mots an einer Kreisstelle wird zum Anlaß genommen, um beiderseits eine Weile „am Ort" zu bleiben und sich miteinander zu „unterhalten": kämpferisch, angeberisch, höflich und mit Pausen zum Anhören der Gegenspieler, leise und

schüchtern, oder wie es den betreffenden Spielern gerade einfällt; danach wieder in alter Richtung auseinanderlaufen.

— Einer der Kreise spielt mit häufigen und ganz unregelmäßigen Unterbrechungen rund oder nach Art der „aufgescheuchten Hasen", während der andere Kreis unbeirrt „durchzieht".

— Die Mots laufen in e i n e r Richtung und überholen einander gelegentlich durch ihr verschiedenes Tempo. Hierbei können auch Veränderungen von Tempo und Dynamik einbezogen werden (Anlaß zu rasanten Wettläufen).

— Man nimmt das gleiche Mot für beide Kreise, kommt aber durch die verschiedenen Klangfarben, durch verschiedene Einsatzzeiten und vor allem durch lebendige Tempo- und Dynamikänderungen zu einem polyphonen Spiel.

Es ist unmöglich, alle Varianten aufzuzählen, die für diese Spielregel erfunden werden können. Man muß sich nur beim Ausprobieren neuer Ideen davor hüten, komplizierte Dinge zu versuchen, ehe man die einfacheren bewältigt. Ein mißlungenes Spiel bedeutet immer eine Strapaze für das Ohr und einen Verlust an innerer Spannung. Das polyphone Rundspielen kann über lange Zeit hinweg immer wieder aufgegriffen und weiterentwickelt werden. Die Spieler üben sich dabei in der Konzentration, im Reagieren und in der selbständigen Bewältigung überraschender Situationen. Die Zuhörer werden dabei zu einem neuen Verständnis des Begriffs „Polyphonie" gelangen, in die auch das räumliche Hören einbezogen ist.

F r a g e : Wird es bei fortgeschrittenen Spielern auch möglich sein, einen der Kreise mit einheitlichen Melodieinstrumenten (Flöten oder Streichern) zu besetzen, auf denen vom Bewegungscharakter und nicht von den „Tönen" her improvisiert wird?

c) Homogene Entwicklungen mit gleichartigen Instrumenten

G r u n d s p i e l r e g e l : Man beginnt diese Übung am besten auch mit Fellinstrumenten oder mit leicht spielbarem Klangmaterial, das für alle Spieler gleichartig ist. Die Spieler wenden das bei den Trommelphasen Gelernte — homogenes Zusammenspiel und gemeinsames Gestalten einer Entwicklung — nun in einem langen pausenlosen Vorgang an. Sie ändern allmählich und ohne erkennbare Führung von irgendeiner Seite her gemeinsam ihr Tempo, ihre Dynamik, ihren Bewegungscharakter. Diese Änderungen sollen wieder so bruchlos und einheitlich in der Richtung vor sich gehen, daß wirkliche Entwicklungen stattfinden, die langsam zu den verschiedenartigsten Situationen führen können.

Diese Übung ist schwieriger als die Trommelphasen, da nun die Zeitpunkte für neue Veränderungen nicht mehr wie vorher durch Pausen signalisiert werden. Man darf jeden Augenblick zu einer Veränderung beitragen, muß aber auch jeden Augenblick auf eine Veränderung von seiten der Partner gefaßt sein und reagieren können. Damit hier kein Durcheinander entsteht, sollten die Entwicklungen sehr ruhig vor sich gehen. Ein kurzer Stillstand der Situation ist besser als ein Überangebot an neuen Aktionen, das ein weiteres homogenes Zusammenspiel unmöglich macht. Beeinflussen und Beeinflußt-Werden gehen für jeden Spieler ineinander über, so wie die Situation es ergibt. Die Hauptsache ist das Lauschen auf das Spiel der Partner; keiner darf mechanisch vor sich hin „fummeln". (Zum Gelingen von gemeinsamen Entwicklungen kann sicher das „Homogene Rundspielen von Strukturen" S. 19 als Vorübung beitragen.)

Bei einer größeren Gruppe oder Klasse kann man vereinbaren, daß jeder Spieler an beliebiger Stelle aussetzen darf, aber beim Wiedereinsetzen wie vorher homogen mit den anderen spielt. Wenn man diese Möglichkeit sinnvoll ausnutzt, kann sie zu überraschenden Situationen wie Solo-Episoden und Tutti-Pausen führen.

1. E r w e i t e r u n g : Der Zuhörer wird jetzt zum Zeichner; er setzt während des Spielablaufs die verschiedenen Stadien oder Bewegungsarten auf der Tafel (oder auf Papier) in Graphik um, am besten waagerecht aneinandergereiht und möglichst ebenso bruchlos in den Übergängen, wie es gespielt wurde. Hierbei muß er sich beeilen, um alles mitzubekommen. Zum schnellen Erfinden geeigneter graphischer Figuren wird ihm die Beobachtung der Spielgestik verhelfen, die im allgemeinen mit der entsprechenden Zeichenbewegung gleichartig ist. Auch der „Klang" des Zeichnens an der Tafel entspricht häufig dem gespielten Klang (kreisendes Wischen, kräftige und schwache Schlagpunkte usw.). Man führt jeweils das gleiche „Mot" auf den Trommeln wie auf der Tafel aus.

Für die Spieler ist es interessant, anhand der Graphik zu erfahren, was sie getan haben und häufig im Eifer des Gefechts weder überschauen noch im Gedächtnis behalten konnten. Sie werden u. a. auch erkennen, wann im Lauf des Spiels gleichartige Situationen wiedergekehrt sind. Gerade dies passiert sehr leicht, und man sollte es zu vermeiden versuchen, da es dem Gedanken einer Entwicklung nicht entspricht und den Ablauf langweilig machen kann. Vielleicht sollte man vereinbaren, daß die Wiederkehr einer schon durchlaufenen Klangsituation unwiderruflich den Schluß herbeiführt. Eine Gruppe, die gerne eine lange Trommelei improvisieren möchte, wird sich dann vor Wiederholungen in acht nehmen. (Siehe Kapitel „Klangfarben" S. 33.)

2. E r w e i t e r u n g : Für das Gestalten homogener Entwicklungen sind Fellinstrumente besonders gut geeignet. Sie bieten die besten Voraussetzungen für dramatische Abläufe. Man probiere aber auch aus, wie diese Spielregel sich mit einem anderen, ebenso in sich gleichartigen Klangmaterial realisieren läßt. Mit Stabspielen (klangentfremdet), mit Cymbeln, Becken und Gongs, mit Joghurtbechern und je einem Schlegel, mit Blechbüchsen, auf Tischen, die mit Holz angeschlagen werden, kann man zwar kommunizieren und allmähliche Entwicklungen in engerem Rahmen ausführen, aber man wird dabei kaum wie beim Trommeln auf Fell in Begeisterung geraten. Dagegen ist es für etwas fortgeschrittene Spieler inspirierend, das gleiche Spiel auf differenzierten Instrumenten gleicher Gattung zu versuchen, also nur als Flöten-, Holzbläser-, Streicheroder Blechbläsergruppe. Hierfür muß man allerdings gelernt haben, die Instrumente nicht zum Spielen von „reinen" Tönen und Tonfolgen zu benutzen, sondern auf ihnen wie bei den Fellinstrumenten Bewegungsarten und Klangverfremdungen zu erfinden, die das Ohr entschieden vom Hören in „Tönen" und Harmonien ablenken. (Siehe 3. und 4. Kapitel.)

3. E r w e i t e r u n g : Bei improvisatorisch sehr fortgeschrittenen Spielern wäre es auch möglich, mehrere verschiedene in sich homogene Instrumentalgruppen beliebiger Art für homogene Entwicklungen einzusetzen. Hierbei könnten die Gruppen gelegentlich im Tutti, gelegentlich abwechselnd spielen. Jede Gruppe

macht nur Bewegungsarten mit, die der Natur ihrer Instrumente entsprechen. An geeigneter Stelle während der Entwicklung mischt sich eine andere Gruppe ohne plötzlichen Wechsel des Bewegungscharakters ein und übernimmt gegebenenfalls eine Weile die Führung mit Bewegungsarten, die von ihren Instrumenten inspiriert werden.

Der letzte Vorschlag übersteigt zweifellos die für das vorliegende Buch gesetzten Grenzen, zum mindesten für die Schulpraxis mit 11- bis 17jährigen. Er soll aber zeigen, daß von den beschriebenen einfachen Praktiken her improvisatorisch lohnende Wege weiterführen können.

2. Metrische und ametrische Rhythmen

Die jungen Spieler verstehen heute — 1973 — unter „Rhythmus" im allgemeinen nur die metrisch einge-teilten rhythmischen Abläufe. Wir rechnen mit dieser Ausgangssituation und versuchen, von da aus auch den Umgang mit „ametrischen", also in ihren Zeitverhältnissen nicht meßbaren Rhythmen anzubahnen. Die Spielregeln dieses Kapitels sollen von zwei Seiten her zur Vertrautheit mit ametrischen Rhythmen führen.

a) Rundspielen von rhythmischen Solofantasien

G r u n d s p i e l r e g e l : Alle Spieler sitzen im Kreis und haben je ein Fellinstrument, notfalls einen Tisch, einen kleinen Eimer o. ä. vor sich. Sie können darauf nach Belieben mit den Händen oder mit zwei Schlegeln spielen; das erstere ermöglicht noch mehr Anschlagsarten und Klangdifferenzierungen.

Ein Spieler beginnt mit einer freien solistischen „Trommelfantasie", bei der er möglichst auf jedes zugrunde-liegende Metrum und auf jede Wiederholung verzichtet. Erst am Ende seiner Fantasie mündet er in ein rhythmisches Ostinato ein, das sofort, aber nur für sehr kurze Zeit, vom Tutti übernommen wird. Daß solch ein Ostinato einen metrischen Charakter hat, läßt sich zunächst kaum umgehen. Während des Tuttis löst sich der Nachbar des ersten Solisten schon vom Ostinato ab und beginnt seine selbständige Solofantasie. Die Tuttispieler beenden das Ostinato, sowie sie hören, daß der neue Solist sich selbständig macht. Danach hören alle der zweiten Solofantasie zu, bis wieder ein Ostinato erklingt, in das das Tutti einfällt. So geht es weiter, bis alle Spieler ein Solo hatten.

Bei einer sehr großen Gruppe oder Schulklasse sitzt man bei diesem Spiel am besten in zwei konzentrischen Kreisen. Gibt es viele ungeübte Spieler in einer solchen Gruppe, die noch nicht wagen, solo zu spielen, so läßt man diese im Außenkreis sitzen und vorläufig nur die Tutti mitspielen. Bei einer späteren Wiederholung des Spiels sollen die „Nur-Tuttisten" und die Solospieler — falls dies überhaupt noch nötig ist — natürlich anders eingeteilt werden.

V o r b e r e i t u n g : Die Anfangsschwierigkeit wird bei dieser Übung vor allem darin bestehen, daß die meisten jungen Spieler noch zu fest im metrischen Spiel verankert sind, um sich beim Solo davon lösen zu können. Bei größeren, geübten Schülern und Erwachsenen kann es oft genügen, wenn der Leiter selbst das erste Solo spielt und damit zeigt, was er unter ametrischem Spiel versteht. Bei den meisten Gruppen wird es aber nötig sein, auf entsprechende akustische Vorgänge, die den Spielern bekannt sind, Bezug zu nehmen, bevor das ganze Spiel versucht wird.

1. Ü b u n g s f o r m : Es ließen sich u. a. nennen: Anlaufschritte und „Schlittern" der Kinder auf glattem Schnee — Schritte eines Fußballspielers mitten im Spiel — das Torkeln eines Betrunkenen — ein Hundegebell — das Anlassen eines Motors. Vielen hilft auch die Vorstellung, daß man auf der Trommel „spricht".

Man lasse nun kurzweilige rhythmische Studien aufgrund solcher Vorstellungen in jeweils kleinen Gruppen vormachen, z. B.: drei bis vier Schüler (oder „alle elf"?) klopfen zugleich, aber jeder auf seine Weise, die stockenden, laufenden, Tempo wechselnden, plötzlich kurz stoppenden oder schurrenden Schritte von Fußballspielern. (Vielleicht wird daraus auch ein großes Spiel mit Pfiffen des Schiedsrichters und Schreien der Zuhörer bei entsprechender Rollenverteilung?)

2. Ü b u n g s f o r m : Man läßt einzelne temperamentvolle Sätze sprechen oder rufen und zugleich jede Silbe klopfen, z. B.: „Au weih, ich muß mich beeilen — tjüß!" (Anstatt „tjüß" das Entsprechende je nach Dialekt.)

Aus dem Sprechen und Klopfen von Sätzen ließe sich mit kleineren Schülern auch ein Ratespiel machen: etwa fünf Sätze werden vorgeschlagen und an die Tafel geschrieben. Je ein Spieler klopft einen dieser Sätze vor, ohne dabei zu sprechen, aber auch ohne den Sprachrhythmus in eine metrische Ordnung umzuformen. Die anderen raten, welcher Satz gemeint war.

3. Ü b u n g s f o r m : Ein einzelner macht die Schrittgeräusche eines Sportausübenden, ein Hundegebell o. ä. auf der Trommel vor und läßt die anderen raten, was es bedeuten soll.

1. E r w e i t e r u n g (der Grundspielregel): Wenn der Umgang mit ametrischen Rhythmen genügend vorbereitet ist, wird sich das Rundspielen von rhythmischen Solofantasien bei den meisten Spielern entsprechend entwickeln. Das Solo soll natürlich nicht allein rhythmische Vorgänge enthalten, sondern ebenso dynamische und klangliche. Wer ohne Schlegel spielt, kann durch Knipsen, Reiben, Wischen, Fingertrommeln u. a. viele verschiedene Klangwirkungen hervorbringen. Beim Spiel mit Schlegeln können gelegentlich auch die Stiele zum Anschlagen benutzt werden, bei kräftigem Anschlag nur am Metallrand oder Corpus einer Pauke.

2. E r w e i t e r u n g : Die Beteiligten werden bald neue Kriterien äußern. Vielleicht fällt es ihnen auf, daß manche Spieler während ihres Solos immer fast das gleiche spielen, oder daß sie verschiedene rhythmische Ideen willkürlich aneinanderreihen, oder auch, daß sie vor dem Einsatz des Tuttiostinatos pausieren. Sollte sich eine Kritik dieser Art nicht von den Schülern aus anbahnen, so kann der Leiter zwei verschiedene Arten eines Solos demonstrieren: beim ersten wechselt er z. B. oft unmittelbar den Charakter seines Spiels; beim anderen Solo bringt er dann die Veränderungen nur im Zusammenhang mit dem Vorherigen und kommt

trotzdem im Verlauf des Solos zu sehr verschiedenen rhythmischen Situationen. Die Schüler hören die bessere innere Logik aus dem zweiten Beispiel heraus. Im gleichen Sinn sollte das Solo auch schon aus dem Charakter des vorangehenden Ostinatos heraus entstehen und nachher ohne Bruch in das neue Ostinato hineinführen.

3. E r w e i t e r u n g : Die Soli brauchen nicht immer mit einem metrisch orientierten Ostinato zu enden. Sie können ebensogut — oder besser — in eine rhythmisch unregelmäßige, aber in sich gleichbleibende Bewegungsart einmünden. An dem zuständlichen Charakter dieser Bewegungsart erkennen die Partner bald, daß das Tutti mitmachen soll. Wie kann man noch auf andere Weise die Starre der Ostinato-Episoden aufheben, ohne das Ostinato selbst zu ändern?

4. E r w e i t e r u n g : Die Reihenfolge der Soli soll später nicht nach der Sitzordnung gehen, sondern eine beliebige sein. Das bedeutet, daß die Spieler vermehrt darauf achten müssen, wann und w o sich ein neuer Solist selbständig macht. In Gruppen mit mehr als etwa 7 Spielern sollte jeder Beteiligte nur e i n m a l während eines Spielablaufs Solist sein.

Für das Rundspielen von rhythmischen Solofantasien kann das Spiel mit „Trommelphasen" im 1. Kapitel Inspirationen bringen.

*

Es gibt noch andere Möglichkeiten, aus der traditionellen Art metrisch gebundenen Musizierens herauszuführen, z. B. das Spiel mit verschiedenen Metren zu gleicher Zeit. Dies kann sehr reizvolle rhythmische Strukturen ergeben. Doch ist es weder bei Kindern noch bei Erwachsenen ratsam, entsprechende Aufgaben in abstrakter Form zu stellen. Es führt sogar bei Musikstudenten zu Schwierigkeiten und Verspannungen, wenn die Spieler bewußt verschiedene nicht aufeinander bezogene Metren gegeneinander durchhalten sollen. Hier kann die Vorstellung eines realen akustischen Erlebnisses helfen, in dem verschiedene Metren gleichzeitig auftreten. Wenn die Spieler z. B. eine Maschinenhalle oder einen Uhrenladen klingend darstellen sollen, so denken sie sich in die betreffende Atmosphäre hinein; sie entspannen sich und vermögen nun müheloser ein eigenes Stoß- und Tickgeräusch unabhängig von den anderen durchzuhalten. Anregungen für die Darstellung eines Uhrenladens und einer Maschinenhalle (zwei ziemlich leicht realisierbare Spielideen!) finden sich im Kapitel „Darstellendes Improvisieren" (S. 49).

b)   Rhythmus und Gegenrhythmus (oder „Inder und Neger")

Die folgende Spielregel bezieht sich nur auf metrisch-rhythmisches Spiel, sie scheint also nicht in das Thema dieses Kapitels hineinzugehören; doch erfüllt sie an dieser Stelle zwei verschiedene Funktionen:
Jugendliche, vor allem in der Pubertät befindliche Spieler, haben das starke Bedürfnis nach Vitalitätsäußerung in metrisch-rhythmischem Spiel — Grund genug, um dies neben dem noch ungewohnten Umgang mit ametrischen Rhythmen zu

pflegen. Sicher werden die Jugendlichen auch eher geneigt sein, sich in ametrisches rhythmisches Gestalten hineinzufinden, wenn sie wissen, daß der Leiter auch das metrische Spiel gelten läßt, als wenn der letztere eingleisig und ohne Rücksicht auf die Wünsche der meisten in der Gruppe das ametrische Spiel vertritt.

Die zweite Funktion dieser Übung liegt in der Vorbereitung auf das danach folgende Spiel „Metrum und Opposition". In diesem werden zwar wieder ametrische Rhythmen einbezogen, doch basiert das Ganze auf dem Zusammenspiel von metrischen Rhythmen und Gegenrhythmen. Man muß also dieses erst für sich üben, ehe man an das Spiel „Metrum und Opposition" herangehen kann.

G r u n d s p i e l r e g e l : Alle Spieler bis auf den jeweils „ersten" haben Fellinstrumente bzw. Ersatz-schlagstellen vor sich. Der erste Spieler schlägt mit einem Holzinstrument oder mit einem Triangel einen ruhigen, ziemlich einfachen Rhythmus als Ostinato immer weiter. Die übrigen Spieler haben die Wahl, seinen Rhythmus mitzuklopfen oder einen Gegenrhythmus zu erfinden, der das Metrum mit dem des ersten Spielers gemeinsam hat, aber lebhafter ist und in irgendeiner Weise einen deutlichen Gegensatz zum Ostinato des ersten Spielers bildet. Alle spielen ihre Rhythmen ostinato.

Der erste Spieler beobachtet, während er weiterspielt, von welchen Partnern Gegenrhythmen erfunden wurden, und nickt einem von ihnen zu, der einen lebendigen Gegenrhythmus schlägt und ihn sicher durchhält; zugleich spielt er selbst seinen Rhythmus leiser. Nun sollen alle übrigen Spieler pausieren und dem Duo des ersten Spielers mit dem von ihm gewählten Gegenspieler eine Weile zuhören, bis der erste Spieler wieder deutlich forte schlägt und damit den Einsatz für das Tutti gibt. Im neuen Tutti kann jeder nach Belieben seinen alten Rhythmus wieder aufnehmen oder einen anderen erfinden. Der erste Spieler bleibt bei seinem Anfangsrhythmus und führt auf die gleiche Art noch eine zweite, vielleicht auch noch eine dritte Duoepisode mit anderen Gegenspielern durch, auf die jeweils ein durch das Forte des ersten Spielers signalisiertes Tutti folgt.

Danach ist der Ablauf beendet, und ein neuer erster Spieler kommt an die Reihe, der das gleiche Spiel mit einem anderen sich klanglich heraushebenden Instrument und mit einem neuen Grundrhythmus durchführt. Bei Schulklassen sollte jeder erste Spieler höchstens zwei Gegenspieler zum Duo auffordern; bei kleineren Gruppen entsprechend mehr.

V e r a n s c h a u l i c h u n g : Für Kinder bis zum Alter von etwa 14 Jahren erhält dies Spiel noch mehr Motivation und Reiz, wenn man es als „Inder und Neger" tituliert und entsprechend einführt. Der Leiter macht dann den Beginn als erster Spieler und erklärt: „Ich bin ein Inder; ich spiele einen ruhigen Rhythmus immer wieder, und ihr dürft euch aussuchen, ob ihr ein Inder oder ein Neger sein wollt. Als Inder spielt ihr dasselbe wie ich; als Neger könnt ihr einen eigenen lebhaften Rhythmus erfinden, der aber zu meinem Rhythmus passen soll."

Mit dieser Rollenbenennung führt der Leiter die Kinder in die oben beschriebene Spielregel ein. Vielleicht muß man bei Kindern anfangs gar nicht vom gemeinsamen „Metrum" sprechen, sondern nur erwähnen, daß die Neger sehr musikalisch sind und immer Rhythmen erfinden, die zu dem des Inders „passen".

F r a g e : Was versteht man unter einem guten Gegenrhythmus?

Es gibt verschiedene Möglichkeiten, rhythmische Gegensätze zu bilden. Im folgenden Notenbeispiel werden zu e i n e m „Inder-Rhythmus" mehrere Gegenrhythmen nach verschiedenen Prinzipien gezeigt:

1. Schnell gegen langsam:

2. In die Lücken des ersten Rhythmus hinein:

3. In anderer Takteinteilung (bei gleichem Achtelmetrum mit anderer Phasenlänge des Ostinatos):

Sicherlich ist die zweite Art die schwierigste, da sie sehr genaues Reagieren fordert, die dritte Art aber ist besonders interessant und verkörpert entschiedene Selbständigkeit; bei ihr ändert sich die Situation zwischen Rhythmus und Gegenrhythmus fortdauernd, aber das Ostinatogesetz, das beide bindet, wird doch herausgehört oder zum mindesten verspürt. Etwa diese Art, Rhythmen gegeneinander zu spielen, ist tatsächlich in der polyrhythmischen Trommelkunst der Neger vertreten. Man kann ganz unbewußt hineingeraten, vor allem Kinder und musikalisch wenig „vorgebildete" Erwachsene spielen häufig „aus Versehen" einen Gegenrhythmus mit anderer Einteilung, als sie der erste Rhythmus hat. Man muß es ihnen nur nicht austreiben, indem man eine Taktart für alle gemeinsam fordert und gar vorzählt. Man sollte diese Art Gegenrhythmen aber zunächst auch nicht bewußt machen; dann erschrecken die Spieler vor der Kompliziertheit ihres Unternehmens und können es nicht mehr.

E r w e i t e r u n g : Beim Zusammenspiel einer ganzen Schulklasse wird man sich kaum der verschiedenen gleichzeitigen Rhythmen bewußt werden können. Um das Spiel dennoch zu differenzieren, kann man kleine Gruppen von etwa acht Spielern nacheinander einen Ablauf der obigen Spielregel ausführen lassen. Ebenso wichtig ist es, daß die Instrumente, die gerade gebraucht werden, sehr verschiedene Klangfarben haben: Pauke, Negertrommel, Handtrommel, Bongos — alle mit verschieden heller Klangfarbe und nur e i n wirklich dunkel klingendes Instrument dazwischen, außerdem Schellentrommel, Holz- und Rasselinstrumente. So kann sich jeder Rhythmus schon klanglich von den anderen abheben.

c)   **Metrum und Opposition**

Folgende Idee liegt dem Spiel „Metrum und Opposition" zugrunde: Drei verschiedene Kräfte oder Klang- und Bewegungscharaktere sind im Spiel vertreten und wirken aufeinander ein. Die erste ist das starre M e t r u m , das nie sein Tempo ändert. Die zweite Kraft besteht in vielen verschiedenen, vorwiegend ostinaten Rhythmen, die sich nach dem Metrum richten. Die dritte Kraft ist der G e g e n s p i e l e r , hier als

„Opponent" oder auch als „Narr" bezeichnet. Dieser richtet sich nicht nach dem Metrum; er beobachtet die Spieler, macht witzige musikalische „Bemerkungen" oder erschreckt sie mit plötzlichen lauten Aktionen.

Der Leiter schildert diese drei Kräfte zur Einführung in das Spiel (wenn er mag, auch mit politischen Vergleichen: „Gesetz", „Bürger", „Opponent"). Dann fragt er die Gruppe, welche Klangrolle sie jeder dieser drei Kräfte zuordnen würde. Es sind verfügbar: Fell-, Holz- und Metallinstrumente bzw. noch anderes Klangzeug mit grellen Klangfarben. Der größte Teil der Gruppe entscheidet sich wahrscheinlich für Holz als Metrum, Fell für die ostinaten Rhythmen und Metall oder anderes mit grellem Klangcharakter für die Rolle des Opponierenden. So wird jedenfalls der Charakter der jeweiligen Rollen am besten getroffen.

Verteilung der Rollen: Für eine Gruppe von etwa 16 Spielern werden 3 Metrumspieler gebraucht, für etwa 8 Spieler nur ein bis zwei. Für eine große Gruppe ist auch ein Opponent zu wenig; sie sollte je zwei Opponenten für ein Spiel einsetzen. An Fellspielern darf es nicht allzu viele geben, da man sonst keinen der vielen Rhythmen mehr erkennen würde. Darum ist es für eine Klasse ratsam, jeweils ein Drittel oder die Hälfte der Schüler außer Gefecht zu setzen und zu Berichterstattern oder Kritikern zu ernennen. Diese sollen natürlich beim nächsten Spielablauf selbst mitspielen und von neuen Berichterstattern ersetzt werden. Bleiben nach Aussonderung von Kritikern, Metrumspielern und Opponenten noch immer mehr als zehn Fellspieler übrig, so ist das sehr bedrohlich. Man lasse dann nur e i n e große, dunkelklingende Pauke oder Trommel im Spiel und setze möglichst viel hellklingende und klanglich verschiedenartige Fellinstrumente hinzu. Außerdem sollen alle Fellspieler mehrmals längere Pausen machen.

Die Sitzordnung besteht wieder in einem Kreis oder in zwei konzentrischen Kreisen. Die Beteiligten sollen nachdenken, ob die Metrumspieler besser dicht nebeneinander oder weit auseinander sitzen sollten, und wo man den oder die Opponenten am besten plaziert. (Für die rhythmische Präzision der Metrumspieler ist es wichtig, daß diese nebeneinander sitzen; die Opponenten dagegen haben volle Bewegungsfreiheit.)

Spielregel: Den Beginn machen die Metrumspieler, indem sie untereinander Blickkontakt nehmen und — ohne Vorzählen! — vom ersten Schlag an zugleich ihr Metrum schlagen, und zwar ohne jede Unterteilung oder rhythmische Veränderung. Die Fellspieler kommen nacheinander mit eigenen rhythmischen Ostinati hinzu, wobei sich jeder von ihnen bemüht, zu den schon vorhandenen ein wirklich neues, andersartiges Ostinato zu erfinden im Sinn des beschriebenen Spiels „Rhythmus und Gegenrhythmus" bzw. „Inder und Neger". Das Metrum soll dabei natürlich ständig eingehalten werden. Jeder Fellspieler soll sein Ostinato nach einer Weile auch verändern oder, wenn es angebracht ist, pausieren, um mit einem neuen Ostinato wieder zu beginnen.

Die Rolle eines Opponenten oder Narren fordert am meisten Phantasie und Selbständigkeit, aber auch die Fähigkeit, sich einzuschränken und sich kurz und markant zu äußern. Wenn man dabei auch einen „Narren" darstellt, so sollte es kein „dummer" Narr sein, der die Bürger durch endloses Geschwätz langweilt, sondern ein geistreicher, der kurze und treffende Witze macht und dessen Aktionen, u. a. infolge ihres nur sporadischen Auftretens und ihres auffallenden Klangcharakters, unüberhörbar sind. Er setzt auch nicht in der Anfangsphase des „Stücks" ein, sondern wartet, bis das in gewisser Weise gleichförmige Spiel von Metrum und Ostinatorhythmen bei ihm Aggressionen weckt und ihn zu Gegenreaktionen reizt. Bei seinen Einwürfen negiert er alle bestehenden Ordnungen wie Metrum, Wiederholung oder Kontinuierlichkeit. Er findet immer neue Ideen, die Bürger zu foppen oder zu erschrecken; u. a. kann er die Metrumspieler ärgern, indem er eine Weile mit ihnen zusammen schlägt, dann jedoch unmerklich, aber hartnäckig das Tempo ändert. Gibt es mehrere Narren im Spiel, so sollten die einzelnen umso seltener agieren, andererseits Gelegenheiten wahrnehmen, sich gegenseitig etwas Witziges zuzuspielen.

Das Klangmaterial für diese Rolle suchen sich die Betreffenden selbst zusammen. Man braucht sich nicht mit Metallinstrumenten zu begnügen, kann auch Geige, Glockenspiel, Blasinstrumente der edelsten und der schäbigsten Art, Trillerpfeife, „Tröte" (Kazoo), Rassel, Kinder- und Jahrmarktinstrumente als Medien der Opposition verwenden. Nur dunkelklingende Instrumente sind hierfür schlecht geeignet, da sie meist zu ernsthaft klingen und sich vom Klang der Felle wenig abheben. Im Sinn der Einhaltung spezifischer Klangrollen soll der Opponent auch keine Holz- oder Fellinstrumente benutzen. Falls mehrere Opponenten mitspielen, wäre es gut, wenn jeder über ein anderes Instrumentarium verfügte, z. B. der eine über Metallzeug und Rasseln, der andere über Blas- und Quäkinstrumente.

Nach den nötigen Vorbereitungen wird ein vollständiger Spielablauf ohne Unterbrechung versucht. Nur wenn die Spieler gar kein Ende finden sollten, ist ein stummes Zeichen von seiten der Zuhörer angebracht. Danach werden die Berichterstatter, bevor sie ihrerseits spielen dürfen, nach ihrem Eindruck gefragt. Sie werden einiges zu kritisieren haben.

K r i t e r i e n : Gewöhnlich ist es eine unveränderte Dynamik, die mißfällt. Vorschlag: Die Spieler nehmen gemeinsam starke dynamische Veränderungen vor, wobei die „Parteien" in irgendeiner Form aufeinander reagieren; einmal entsteht ein Crescendo vom Metrum oder vom Fell aus und wird vom Opponenten aufgefangen; ein andermal führt der Opponent ein Decrescendo an usw. Natürlich kann letzterer auch bewußt laute Schreckschüsse in eine Pianostelle des Tutti hineinpfeffern. Auch die Starre des Metrumklangs wird meist als lästig empfunden. Man findet eine Lösung, indem die Metrumspieler, die ja verschieden klingende Holzinstrumente schlagen, sich an weniger lauten Stellen abwechseln dürfen oder auch selbst gelegentlich die eigene Schlagstelle ändern. So entstehende seltene und plötzliche Klangwechsel haben beim — im übrigen streng durchgehaltenen — Metrum eine besonders kräftige Wirkung. Abwechselndes Schlagen auf zwei verschiedenen Klangstellen wäre dagegen eine verfälschende Interpretation der Metrumrolle.

Oft beklagen sich die Metrumspieler selbst über die Eintönigkeit und Starrheit ihrer Aufgabe. Darum wird ihnen mitten im Spiel Rollentausch erlaubt. Wenn man Spaß an einem kleinen Ritus hat, kann der Tausch folgendermaßen vor sich gehen: Wer vom Metrumspiel erlöst sein möchte, steht auf und geht, immer weiter präzise Metrum schlagend, auf den Fellspieler zu, dessen Instrument ihn anlockt. Er hält dem betreffenden Spieler, weiter schlagend, sein Holzschlagzeug entgegen, und der andere muß nun die Hölzer so geschickt übernehmen und so genau anschließend zu schlagen beginnen, daß beim Tausch nicht ein einziger Schlag verlorengeht. Der neue Metrumspieler tauscht mit dem bisherigen den Platz.

Sachlich wichtig ist bei diesem Ritus, daß das Metrum keinen Schlag ausläßt und die Metrumspieler weiterhin beieinandersitzen.

Vielleicht haben Rhythmusspieler und Opponenten Lust, auf den Rollentausch eines Metrumspielers gemeinsam dynamisch zu reagieren.

Die Berichterstatter sollen auch die Ostinati der Fellspieler beobachten. Haben die verschiedenen Ostinati untereinander genügend kontrastiert und sich klanglich voneinander abgehoben? Sind alle im Metrum geblieben? Wenn das Ostinatospiel als Gesamtheit roh und unklar wirkt, geht der Sinn des Ganzen, nämlich die Spannung zwischen den geordneten Rhythmen und den sich widersetzenden Einwürfen des Opponenten, verloren.

Das Spiel des Opponenten wird selten von Kritik verschont bleiben. Bei dem einen kann es heißen: „Das war ja kein Opponent; er hat so zahm und leise gespielt!" In den meisten Fällen wird man sich eher darüber beschweren, daß der Opponent dauernd oder immer gleich laut und daher witzlos gespielt habe. Sicherlich wird man erst nach einigen Experimenten lernen, diese Rolle richtig zu erfassen. Vielleicht findet man u. a. heraus, daß es noch spannender ist, wenn der Opponent seine Einwürfe eine Weile auf ein- und demselben Instrument bringt, als wenn er von Mal zu Mal Instrument und Klangcharakter wechselt. Trotz allem sollte man mit der Kritik sparsam und schonend sein und an dieser Rolle nicht viel herumtüfteln; sonst geht das Wesentlichste an dieser Rolle verloren: daß man den Opponenten nicht auf Instrumenten „spielt", sondern daß man ganz und gar ein Narr, bzw. Bürgerschreck und Opponent i s t , solange man diese Rolle vertritt!

Wenn der Spielablauf einen größeren Zeitraum einnimmt, sollte auch vom Narren aus ein Rollentausch mit einem beliebigen Metrum- oder Rhythmusspieler erlaubt sein. Auf diesen Tausch könnten die Rhythmusspieler mit einer ganz großen dynamischen „Welle" reagieren, bzw. umgekehrt: ein großes gemeinsames Crescendo könnte sich im Rollentausch eines Narren „entladen".

V a r i a n t e n : Von kindlichen Improvisatoren wird der Gegenspieler wahrscheinlich als lustiger Narr aufgefaßt, der überrascht, amüsiert, erschreckt, aber eigentlich nichts am vorhandenen Gefüge von Metrum und Rhythmen ändern will. Solch ein Narrenspieler kann natürlich während des Spielablaufs ausgetauscht werden. 15jährige und ältere Spieler werden in dieser Rolle oft etwas anderes sehen: ein bewußtes Opponieren, ein Rütteln am Bestehenden und ein Zerstören desselben. Der Opponent versucht also, einen musikalischen „Umsturz" herbeizuführen, durch den das alte Metrum außer Kraft gesetzt wird; an dessen Stelle tritt eine neue musikalische „Gesetzgebung".

Worin wird diese bestehen? Im Einsetzen eines neuen Metrums? In einer mehr oder weniger chaotischen Episode aus lauter ametrischen Rhythmen oder verschiedenen Metren zu gleicher Zeit, aus der wieder e i n neues herrschendes Metrum hervorgeht? Oder in einer endgültigen Wandlung vom metrischen ins ametrische Zusammenspiel? Soll dieses dann einen chaotischen Charakter haben oder in neue kommunikative Ordnungen einmünden? Falls zwei Opponenten im Spiel sind: Müßten diese nicht erst untereinander einig werden, ehe ein Umsturz des Alten gelingen kann?

Wird die Spielergruppe schon einen so guten Consensus haben, daß man ohne vorherige Absprache zu einem musikalisch eindeutigen gemeinsamen Zustand kommt, nachdem der Opponent das alte System gestürzt hat? Oder soll man zunächst noch vor Beginn des Spielablaufs vereinbaren, was für neue Zustände oder Ordnungen der Umsturz herbeiführt?

Die jungen Spieler werden zu diesen Fragen selbst Stellung nehmen und experimentieren. Es kann hier nicht auf dem Papier vorausbestimmt werden, was für Vorgänge sich bei reiferen jungen Spielern aus der Idee „Metrum und Opposition" entwickeln können. Jedenfalls wird sich dabei gruppendynamisch viel ereignen.

Es muß sicher nicht betont werden, daß für den Narren bzw. Opponenten am besten solche Spieler ausgewählt werden, die gemeinsame Arbeit jeder Art oft durch aggressives Verhalten stören. In der Opponentenrolle darf und s o l l man stören und auffallen, wenn ein Spieler dies ausnutzt, kann sich sein Verhältnis zu Leiter und Gruppe vielleicht positiv verändern.

Obgleich die Spielidee sehr verschiedene Verlaufsmöglichkeiten zuläßt, bedarf ihr methodischer Aufbau doch bestimmter Ordnungen, die der Leiter einhalten muß, um nicht am Sinn des Ganzen vorbeizugehen. Das Spiel lebt aus der Spannung zwischen dem strengen metrisch-rhythmischen Geschehen und den ametrisch gestalteten Aggressionen des Opponenten. Das Wichtigste, das erst einmal „gekonnt" werden muß, ist das Einhalten des Metrums bei allen Holz- und Fellspielern und das lebendige, aber straffe Zusammenspiel innerhalb des Metrums. Ohne dieses hat der Opponent keine echte Funktion. Ein energisches Rütteln am Bestehenden ist sinnlos, wenn sowieso alles „wackelt". Die beschriebenen Vorgänge sollen ja nicht nur gedacht, sondern musikalisch eindeutig artikuliert werden; das gelingt nicht ohne laufende praktische Übung im metrischen Zusammenspiel. Der Opponent sollte daher beim Aufbau des Spiels erst dann eingesetzt werden, wenn das, wogegen er opponieren will, sicher dasteht; und ein „Umsturz" kann nicht eintreten, bevor das Gegenspiel zwischen den Opponenten und dem metrisch-rhythmischen Block einen siedenden Spannungsgrad erreicht hat. Auch das wird erst nach einem gewissen Lernvorgang in der Opponentenrolle deutlich zum Ausdruck kommen können.

Man sollte sich also Zeit lassen und das Spiel von Mal zu Mal weiter ausbauen. Es beginnt mit der Spielregel: „Rhythmus und Gegenrhythmus", dann kommen Metrumspieler und Opponent (Narr) dazu, der letztere zunächst als Spaßfigur, später in geeigneter Situation als Opponent.

Auf diese Weise werden die Trümpfe nicht zu früh verspielt, und man kann immer wieder Neues hinzubringen, bis eines Tages die Spielerei sich in einen spannenden Prozeß verwandelt.

3. Klangfarben

a) Klangexperimente im ganzen Raum

V o r b e r e i t u n g : Alle Spieler gehen, mit je einem Schlegel versehen, zugleich im ganzen Raum umher und klopfen ihn ab; d. h. sie probieren Schlag- oder Tremoloklänge an allen Gegenständen (die es vertragen) aus. Eine Tremolowirkung entsteht z. B. beim „Ratschen" des Schlegelstiels über Heizungsröhren, Gitter, Drahtpapierkörbe u. ä. Man probiere dabei auch aus, wie sich die Anschlagsgeräusche, je nachdem, ob man sie mit dem Schlegelkopf oder mit dem Schlegelstiel hervorbringt, grundsätzlich unterscheiden. Wie kann man die klanglichen Gegensätze verbal bezeichnen? (Dumpf — klar, dunkel — hell, dick — dünn?)

Falls der betreffende Raum für Klänge und Geräusche wenig Möglichkeiten bietet, können zusätzlich auch Instrumente benutzt werden, diese jedoch möglichst klangentfremdet und ohne erkennbare „Töne" (s. S. 37).

1 . S p i e l r e g e l : Wenn alle Spieler zur Genüge experimentiert haben, stellen sie sich — mit Ausnahme eines Spielers — zusammen in eine klanglich „uninteressante'' Ecke des Raumes, schließen die Augen und lauschen. Der Einzelspieler führt einen beliebigen Schlag- oder Tremoloklang im Raum vor — er sollte ihn mehrmals wiederholen! — und geht danach zu den anderen. Sobald er angekommen ist, nimmt einer der Zuhörer ihm den Schlegel ab, geht zur von ihm vermuteten Klangquelle und versucht darauf, das gehörte Geräusch zu imitieren. Hat er sich geirrt, kann ein zweiter Zuhörer sein Glück probieren, evtl. noch ein dritter (immer mit dem gleichen Schlegel). Wenn die Klangquelle gefunden und in der entsprechenden Art zum Klingen gebracht wurde, geht ein neuer „Vorspieler'' in den Raum, während die anderen lauschen usw.

Wichtig ist dabei die absolute Stille. Wenn einer spricht, laute Schritte macht oder irgendwo anstößt, kann man das „Originalgeräusch'' nicht deutlich wahrnehmen bzw. nicht klar im Gedächtnis behalten.

2. S p i e l r e g e l : Die Spieler sind wieder beliebig im Raum verteilt und haben sich je für eine Klangquelle entschieden. Nun sollen alle Erzeuger von hellklingenden Geräuschen eine Klangphase ausfüllen, danach die Erzeuger von dunklen Geräuschen eine zweite. Ein Zuhörer beobachtet, ob sich alle Spieler mit ihren Geräuschen richtig in „Hell'' und „Dunkel'' eingeordnet haben, und bezeichnet hinterher evtl. einen „verirrten'' Klang.

Vielleicht finden die Spieler noch andere klangliche Gegenüberstellungen — z. B. „laut und leise'' —, durch die zwei Phasen unterschieden werden können. Vielleicht kann man auch, wie bei den Trommelphasen, auf die Vereinbarung verzichten, w e l c h e r der beiden beabsichtigten Klangcharaktere zuerst drankommt. Dann müssen sich die Spieler blitzschnell am Geräusch des (nicht vorherbestimmten) 1. Spielers orientieren.

F r a g e : Lassen sich für die betreffende Situation noch andere Spielregeln anwenden bzw. erfinden, z. B.: verschiedene Längen oder Unterscheidung von mehr als zwei Klangstufen und entsprechend mehr Klangphasen hintereinander?

3. S p i e l r e g e l : Man versucht nun, in differenzierter Form, sich zunächst h a n d e l n d (und ohne die für die Klangwahrnehmung hinderlichen Worte) über die Helligkeitswerte der im Spiel befindlichen Klangfarben klarzuwerden: Alle Spieler lassen z u g l e i c h ihre selbstgewählten Liegeklänge bzw. Klangaktionen hören, und zwar jeweils ohne Veränderung der Klangfarbe. Wer „seine'' Klangfarbe für die hellste unter allen zur Zeit hörbaren hält, hört als erster auf; nach ruhigem Abwarten hört der mit dem nächsthellen Klang auf usw. Zum Schluß hört man den dunkelsten Klang allein. Natürlich geht das gleiche auch in umgekehrter Reihenfolge, so daß der hellste Klang übrigbleibt.

Die gleiche Übungsform läßt sich auch zwischen den Extremen (oder „Polaritäten'') „laut und leise'', „ruhig und bewegt'' u. ä. durchführen. Vor Beginn des Versuchs mit „Laut und leise'' sollte man darüber nachdenken, ob es für die Klangerfahrung ergiebiger sein wird, wenn der Leiseste zuerst aufhört und der Lauteste übrigbleibt oder umgekehrt.

Bei diesen Versuchen zeigen sich in der Gruppe meistens Zweifel und Uneinigkeit über die „richtige'' Reihenfolge. Man kann darüber diskutieren und kann denjenigen, der eine bestimmte Meinung vertritt, einmal die nach seinem Dafürhalten richtige Reihenfolge dirigieren lassen, indem er von den zugleich ge-spielten Klängen einen nach dem andern durch ein Stoppzeichen abwinkt. Man wird aber im Lauf dieser Arbeit bald einsehen, daß man nicht immer zu eindeutig richtigen Einstufungen der betreffenden Klang-werte finden kann, am allerwenigsten wohl beim Vergleich von Helligkeitswerten. Die „Werte" innerhalb der betreffenden Polaritäten sind, physikalisch betrachtet, aus den verschiedensten Komponenten zusam-mengesetzt. Sie können darum, wenn nicht gerade gravierende Abstufungen hörbar werden, als Gesamtein-druck nur aufgrund von subjektiven Wahrnehmungen, u. a. auch abhängig vom räumlichen Abstand des Hörenden, eingestuft werden. Objektiv richtige Vergleiche von Helligkeitswerten sind nur bei Folgen von rein schwingenden Tönen innerhalb e i n e r Instrumentalfarbe möglich.

Der Sinn der oben beschriebenen Versuche kann also nicht im Feststellen eindeutiger Ergebnisse bestehen, sondern in der Motivierung zum „Lauschen" und in der Erfahrung, wie reich das Spektrum einer Klang-farbe sein kann und wie variabel darum Klangwerte auf die verschiedenen Hörer wirken.

b)   Folgen von Klangaktionen

G r u n d s p i e l r e g e l : Die Spieler sind weiterhin beliebig im Raum verteilt und haben sich für eine be-stimmte Klangaktion ohne Veränderung der Klangfarbe bzw. auch des Bewegungscharakters entschieden. Ein beliebiger Spieler läßt eine Klangaktion (einen Liegeklang oder ein Geräusch) hören. Hierauf folgt eine kleine Pause, danach eine neue Klangaktion durch einen beliebigen anderen Spieler, darauf wieder eine Pause usw., bis jeder Spieler e i n e n Beitrag gegeben hat. Dieser Vorgang stellt noch keinen Anspruch an ein bewußtes Klanghören, sondern bedeutet lediglich eine gruppendynamische Aufgabe im Aufeinander-Achten und im freiwilligen solistischen Einsetzen (vgl. S. 10). Im allgemeinen muß eine größere Gruppe oder Klasse erst lernen, diese Aufgabe an sich zu erfüllen, bevor letztere mit den beiden folgenden musi-kalischen Forderungen (1. und 2. Erweiterung) kombiniert werden kann:

1. E r w e i t e r u n g : An den Anfang wird der oben beschriebene Vorgang gestellt, nun aber mit einer nur mittelgroßen Gruppe von höchstens 12 Spielern; diese sollen während des Vorgangs die Klangphasen der Partner konzentriert und unter Einhaltung der größten Ruhe beobachten. Hieran schließt sich direkt ein zweiter Durchgang mit den gleichen Klangaktionen, die wie immer durch kleine Pausen getrennt sind. Dabei soll aber beispielsweise der Spieler beginnen, der meint, daß seine Aktion die hellste Klangfarbe hat; der Spieler mit der nach seiner eigenen Meinung nächsthellsten Klangfarbe soll darauf folgen, und so fort, bis der dunkelste Klang als letzter ertönt. Das gleiche ist natürlich ebensogut in umgekehrter Folge, also mit der dunkelsten Klangfarbe am Anfang, ausführbar, darüber hinaus auch mit anderen vorher vereinbarten klanglichen Polaritäten, nach denen sich die Einstufung jeweils richtet, z. B. „laut—leise", „ruhig—bewegt", „fließend—punktuell", „schrill—dumpf". Da die angestrebte Reihenfolge der Aktionen beim ersten Versuch meistens noch unbefriedigend ausfällt, vereinbart man am besten von vornherein, daß sich nach dem ersten Durchgang dieser Art wortlos ein zweiter anschließen soll, bei dem jeder einzelne Spieler unbeeinflußt einen Irrtum korrigieren, also zu einer geeigneteren Zeit einsetzen kann.

Das Nicht-Beeinflussen ist auch bei dieser Übung sehr wichtig. Vor allem muß sich der Leiter selbst hüten, daß er nicht den Spieler, von dem er meint, daß er gerade „dran" wäre, ansieht. Nach Beendigung der Vorgänge selbst hat die Diskussion ihren Platz. Da für diese Übungsform nur eine mittelgroße Gruppe eingesetzt werden sollte, wird in einer Schulklasse der größere Teil mit Zuhören und nachträglichem Kritisieren beschäftigt sein. Natürlich sollte man diese Übungsform mit Auswechslung der Zuhörer und gegebenenfalls auch mit neu gewählten Polaritäten nach Möglichkeit solange durchführen, bis jeder in der Klasse auch einmal aktiv sein durfte.

2. E r w e i t e r u n g : Die Gruppe kann wieder aus mehr als 12 Spielern bestehen; vor Beginn eines Vorgangs wird jeweils ein Partner als Zuhörer ausgesondert. Die Folge der einzelnen Klangphasen soll nun den Charakter von „Klanganknüpfungen" haben, d. h. jede neue Phase soll zu der vorherigen eine nahe klangliche Verwandtschaft aufweisen. Der „Zuhörer" soll sich hier durch Signale kritisch einmischen. Er gibt z. B. ein leises Signal, sobald ihn eine Klanganknüpfung nicht überzeugt hat. Das Spiel wird dadurch nicht unterbrochen, aber der vorletzte Spieler soll sein Geräusch auf das Signal hin stillschweigend wiederholen, worauf eine neue, besser geeignete Klanganknüpfung versucht wird. Damit die klangliche Orientierung der Spieler durch das Signal nicht gestört wird, darf dieses keinen aufdringlichen Klang haben. (Vielleicht genügt ein Zischlaut mit der Zunge o. ä.)

Eine andere Vereinbarung für den Zuhörer kann heißen: er hört zunächst zu, ohne einzugreifen, und gibt erst dann ein Signal, wenn ihm die Folge der Klänge für eine Überschau im Gedächtnis zu lang wird. Durch das Signal wird der Vorgang beendet, und der Zuhörer sagt aus der Erinnerung, an welcher Stelle nach seiner Meinung nicht verwandte Klänge aufeinander gefolgt sind. Die Spieler überprüfen dann die betreffenden Klangfolgen, nehmen kurz Stellung zur Kritik, setzen gegebenenfalls das Spiel fort oder beginnen ein neues.

Wahrscheinlich ist die erstere Art des Eingreifens mehr für jüngere bzw. ungeübte Zuhörer geeignet, da sie hier sofort reagieren dürfen und keinen längeren Vorgang in der Erinnerung behalten müssen. Um das Klanganknüpfen aber zu einer musikalisch sinnvollen Form zu entwickeln, sind längere Abläufe ohne Signal und „Rückgriff" notwendig.

K r i t e r i e n : Sicher wird sehr bald vom Leiter oder von den Spielern kritisiert werden, daß man bei den Folgen von nah verwandten Klängen oft „nicht von der Stelle kommt". Der eine Spieler schließt z. B. an eine dunkle Klangfarbe mit einer etwas helleren an, der nächste wieder mit einer dunkleren; oder: man ist aus einer Episode mit dürftigen, „klapprigen" Geräuschen endlich heraus und zu etwas volleren Klängen gekommen, da führt eine Klanganknüpfung wieder zu den klapprigen Geräuschen zurück. Die Spieler sollen überlegen, wie man solchen Situationen entgehen kann. Sie werden dann sicher eine Folge von Klangfarben anstreben, die sich über längere Zeit in e i n e r bestimmten Richtung verändern, z. B. vom Dunklen zum Hellen, vom Heiseren zum Vollen, u. a. auch vom Leisen zum Lauten. Hierdurch kann man innerhalb eines Ablaufs auch bei Einhaltung sehr nah verwandter Klangfolgen zu ganz verschiedenen, sogar extremen Klangsituationen gelangen.

Interessante und schwierige Momente sind die, in denen man vom Klangbereich eines bestimmten Materials (z. B. Holz) bruchlos zu Klängen aus anderem Material (z. B. Metall) überzugehen versucht. Man gewinnt allmählich eine gewisse Erfahrung im Abschätzen der klanglichen Eigenschaften eines Gegenstandes.

Dumpfe Holzklänge können den Übergang zu Fellklängen anbieten, und an ein Tremolo zwischen hell-klingenden Holzstellen kann man meist ein Tremolo zwischen dünnen Metallstangen anschließen. Sehr er-giebig sind in dieser Hinsicht auch Gegenstände mit nicht eindeutigem Materialklang, etwa ein Drahtgitter über einem Holzhohlraum oder Klangstellen an der Tafel.

Außer feinen klanglichen Beobachtungen fordert das Klanganknüpfen unter Einhalten bestimmter Rich-tungen „Situationsbewußtsein" von Spielern und Zuhörern, ähnlich wie beim „Rundspielen von rhythmi-schen Strukturen" (s. S. 19) und bei „homogenen Entwicklungen" (s. S. 23). Man muß sich in jedem Augenblick bewußt sein, welchen Weg die Klangfarbe bisher zurückgelegt hat und wohin sie sich weiter-bewegen sollte. Später versuche man auch zu vermeiden, daß man innerhalb eines Ablaufs mehrmals in die gleiche Klangsituation kommt.

Die jeweiligen Zuhörer sollen lernen, ihre Eingriffe immer länger hinauszuschieben, ohne bei der Auskunft über das Geschehen unsicher zu werden. Vielleicht wird der Zuhörer mit der Zeit entbehrlich, und man wird ihn höchstens noch für ein Signal bei der Wiederkehr einer schon durchlaufenen Klangsituation bzw. für ein Schlußsignal brauchen. Wenn man vereinbart, daß eine „Klangwiederkehr" das Ende eines Ablaufs bedeuten soll, wird man vielleicht kein Schlußsignal von außen mehr brauchen.

3. E r w e i t e r u n g : Ob man für das Klanganknüpfen nur „Gegenstände" oder auch Musikinstrumente verwenden soll, hängt von der Situation und den vorhandenen Möglichkeiten ab. Es wäre günstig, wenn wenigstens Orff-Instrumente bald in dieses Spiel einbezogen werden könnten; sie könnten ebenso in her-kömmlicher wie in verfremdender Technik gespielt werden. Bei Stabspielen muß man hierbei jedoch ganz auf das „Tönespiel" verzichten; als tremolierender Liegeklang bietet sich das schnelle Hin- und Herwischen über wenige Stäbe an. Geschickte Spieler können auch mit einem kräftigen Streichbogen einen Xylophon-oder Metallophonstab an der Schmalkante streichen. Wenn auch traditionelle Instrumente (Geigen, Celli, Holz- und Blechbläser) einbezogen werden, so müssen ihre Spieler sich daran gewöhnen, hierauf nichts als Klangfarben zu suchen und sie für unveränderliche bzw. tremolierende Liegeklänge zu benutzen. „Schöne", volle, solistische Töne mit viel Ausdruck und Vibrato, wie man sie für herkömmliche Musik braucht, sind hier selten verwendbar, da sie sich klanglich schlecht einordnen lassen. Es wäre gut, wenn Instrumentalisten sich zuhause auf das Spiel mit Klangfarben vorbereiteten, indem sie aus ihrem Instrument in aller Ruhe verschiedene Klangcharaktere, z. B. heisere, stöhnende, schnarrende, flatternde, aggressive u. ä., durch Verfremdungstechniken herauslocken.

Besonders ergiebig sind hierbei die Streichinstrumente und die Posaunen sowie die Blockflöten, bei denen man auch summende Vokaltöne einmischen kann. Innerhalb einer Schulstunde wird der Leiter allerdings nicht gründlich auf diese Dinge eingehen können, ohne daß die Nichtinstrumentalisten sich gelangweilt und benachteiligt fühlen. Auch das Improvisieren mit Klangfarben soll in einer Klasse gleiche Chancen für alle bieten.

4. E r w e i t e r u n g : Unter diesem Aspekt — und nicht nur unter diesem — sollte man beim Klangan-knüpfen auch Vokalklänge einbeziehen. Die Jugendlichen müssen hierbei erst lernen, sich vokal ebenso musikbezogen und konzentriert zu äußern wie auf Instrumenten. Im Übergang werden Verlegenheit, Hemmungen, Albernheit hinderlich sein. Allmählich können aber sehr gezielte Forderungen und eine vom

Instrumentalspiel her übertragene Sachlichkeit dies überwinden helfen. Eine Mischung aus Instrumental- und Vokalklängen kann beim Klanganknüpfen günstig sein. Gerade im Hervorbringen und Differenzieren von Geräuschen bieten Atem, Zunge, Lippen zahllose Möglichkeiten.

Soweit nicht noch Gegenstände an beliebiger Stelle im Raum benutzt werden, sollte beim Klanganknüpfen wieder eine Sitzordnung mit gegenseitigem Blickkontakt hergestellt werden.

*

Das Klanganknüpfen mit Pausen bedeutet als Übung eine Vorstufe für die „Klangabwandlung", die im Heft 7 der Roten Reihe beschrieben ist; diese stellt spieltechnisch und im Hören sehr hohe Ansprüche. Es ist verständlich, wenn die jungen Spieler die beim „Klanganknüpfen" gebotenen Pausen gelegentlich überspielen und mit ihren Klängen ineinandergreifen möchten. Wenn sie dabei engagiert sind, läßt man es ruhig einmal geschehen und sieht zu, was daraus wird. Meistens entsteht ein buntes „Klanggemüse", aus dem kaum noch ein Klangcharakter oder gar eine Veränderungsrichtung herauszuhören ist.

Experimente mit Klangfarben ohne rhythmische Elemente machen die Spieler häufig träge. Dies muß der Leiter wissen, damit er sich schläfrige Reaktionen der Spieler nicht als grundsätzliches Desinteresse erklärt. Kinder und Jugendliche haben im allgemeinen einen lebhaften Sinn für Klangfarben und werden ihr Interesse daran bei genügend Abwechslung zwischen Klangübungen und rhythmischen Spielen nicht verlieren.

c) Homogene Klangphasen

Diese Spielregel stellt keine höheren Anforderungen als das „Klanganknüpfen" und kann evtl. schon vor diesem versucht werden. Allerdings hat das „Klanganknüpfen" einen ziemlich strengen Übungscharakter und schärft die Ohren am besten für die unterschiedlichen Verwandtschaftsgrade zwischen Klangfarben. Am sinnvollsten ist es wohl, die „homogenen Klangphasen" an das „Klanganknüpfen" mit Gegenständen im Raum (b, 2. Erweiterung) anzuschließen; so kann man unter leichten Bedingungen bei den „Klangphasen" schon eine gewisse Vertrautheit mit dem Klangfarbenspiel auf I n s t r u m e n t e n herstellen, ehe man das differenziertere „Klanganknüpfen" auf Instrumenten beginnt.

G r u n d s p i e l r e g e l : Das Spiel mit homogenen Klangphasen hat viel Ähnlichkeit mit Teil a des 1. Kapitels („Trommelphasen"). Hier wie dort sollen verschiedene Phasen, durch Pausen getrennt, aneinandergereiht werden, deren Charakter sich jeweils aus der Initiative eines beliebigen, immer wieder anderen „ersten" Spielers ergibt. Während aber die Trommelphasen sich durch ihren rhythmischen Charakter und die Anschlagsarten unterscheiden, soll hier jede Phase eine andere Klangfarbe haben. Dafür werden natürlich reiche klangliche Mittel gebraucht. Die Phasen erhalten ihre klangliche Homogenität dadurch, daß der Liegeklang des jeweils beginnenden Spielers von denjenigen Spielern, die geeignete Instrumente zur Verfügung haben, möglichst sofort in gleichartiger (aber nicht gleicher!) Klangfarbe mitgespielt wird. Da man jetzt ebenso Gegenstände wie auch Instrumente als Klangquellen benutzen kann, da auch keine einschränkende Regelung für die Folge und Wahl der Klangfarben gilt, sind der Klangphantasie und dem dynamischen Temperament keine Grenzen gesetzt. Wichtig ist nur, daß man bei einer Klangphase, für die man keine geeigneten

Instrumente vor sich hat, auch wirklich s c h w e i g t . Dies bedeutet aber keinesfalls, daß man sich bei einer Klangphase nur mit der Instrumentenart, die der „erste" Spieler benutzt, einmischen darf, im Gegenteil: eine wirklich verwandte Klangfarbe auf einem Instrument a n d e r e r Gattung zu finden, ist die noch interessantere Aufgabe. Auf diese Weise entstehende Klangmischungen werden auch „reicher" klingen als solche, die sich auf gleichen Instrumenten ergeben; wenn auf gleichartigen Instrumenten gar noch genau der gleiche „Ton" gespielt wird, so bewirkt das keine Klangmischung, sondern ein uninteressantes Unisono.

1. E r w e i t e r u n g : Es können auch Phasen mit rhythmischen Unterteilungen, unregelmäßigen Schlägen oder Akzenten vertreten sein. Wenn es außerdem gelingt, in bezug auf Phasen- und Pausenlängen Wechsel zu schaffen, so können sehr spannende Spielabläufe entstehen.

2. E r w e i t e r u n g : Wo die instrumentalen Möglichkeiten gering sind bzw. wo Interesse an der Einbeziehung der Vokalimprovisation besteht, läßt sich diese gut einbeziehen. Sollte der Vokalklang dabei etwas zu kurz kommen, so könnte man den Vokalisten durch einfache Vereinbarungen zu gewissen „Rechten" verhelfen. Beispiele:

— Der Ablauf beginnt mit einer Folge von Instrumentalphasen und endet mit einer Folge von Vokalphasen (oder umgekehrt). Der Wechsel erfolgt ohne Signal an einer vom jeweils Beginnenden als günstig erkannten Stelle.

— Jede Phase wird nach Belieben entweder rein vokal oder rein instrumental begonnen. Die beginnende Gruppe wird im Verlauf der Phase unter möglichst genauer Beibehaltung des klanglichen und dynamischen Charakters a l l m ä h l i c h von der anderen abgelöst. Hierbei werden die einzelnen Phasen verhältnismäßig lange dauern, und die Konzentration wird sich zugunsten der klanglichen Kommunikation zwischen den Vokalisten und Instrumentalisten etwas vom Längenspiel abwenden.

— Instrumentalisten und Vokalisten gestalten abwechselnd je eine Phase. Überraschungen in Phasenlängen und -pausen werden wieder wichtig. Ein gelegentliches Sich-Überlappen von zwei aufeinanderfolgenden Phasen aus den verschiedenen Klangbereichen kann erlaubt werden. (Die eine Gruppe beginnt dabei schon, ehe die andere aufgehört hat.)

Die Gruppen werden noch andere Variationen der Spielregel „Homogene Klangphasen" für Instrumente und Stimmen vorschlagen können, die der Improvisation genügend Freiheit lassen.

d)   Klänge mischen

V o r b e r e i t u n g : Die Spieler sitzen im Kreis und probieren — alle zugleich! — auf Gegenständen und auf Instrumenten die verschiedensten Klangfarben aus, wobei ruhige und auch tremolierende Klangbänder entstehen können. Da die Spieler ihre Liegeklänge bei dieser Übung verhältnismäßig lange aushalten müssen, empfiehlt es sich jetzt, die für Tremoloklänge nötigen Techniken (siehe Rote Reihe 7) ausführlich zu erarbeiten. (Auch dies sollte lieber öfter als zu lange hintereinander geschehen.) Die L o c k e r h e i t der Spielbewegung, meist als „Winkbewegung" aus dem Handgelenk, ist wichtiger als ein schnelles Tremolo, solange dies nur mit Verkrampfung erreicht wird.

G r u n d s p i e l r e g e l : Anschließend an die technischen Vorübungen soll sich jeder Spieler für einen Liegeklang entscheiden; die gewählten Klänge werden zunächst alle zugleich „angeboten". Ein Spieler, der keinen sonderlich interessanten Liegeklang gefunden hat, wird „Klangmischer". Er hört alles an, winkt nach eigenem Ermessen einzelne Liegeklänge ab und kann sie nach Belieben später wieder heranwinken. Die gegen den Spieler aufgerichtete Innenhand bedeutet „aufhören" („Stopp!"), die heranwinkende Hand bedeutet „wieder anfangen". Der Mischer probiert auf diese Weise ohne jedes Sprechen langsam eine Mischung aus mehreren der angebotenen Klangfarben aus, die ihm zusagt, und stellt sie als seine Entscheidung zur Diskussion.

F r a g e : Ist die Klangmischung mehr homogen oder beruht sie auf Kontrasten? Welcher Klang überzeugt gerade innerhalb der betreffenden Mischung nicht, und warum nicht?

Nach Belieben kann ein zweiter Spieler aus dem alten Angebot von Liegeklängen eine neue Mischung zusammenstellen, evtl. noch ein dritter.

1. E r w e i t e r u n g : Die für eine Klangmischung ausgewählten Spieler improvisieren frei ein kleines „Stück", dessen Verlauf sich aus nichts anderem als aus dem Nacheinander-Einsetzen, Pausieren, Wieder-Einsetzen und Schließen an selbstgewählter Stelle sowie aus dynamischen Veränderungen, trotz ständig beibehaltener Klangfarbe, ergibt. Neue Angebote an Liegeklängen für andersartige Klangmischungen und daraus improvisierte kleine Stücke können folgen.

2. E r w e i t e r u n g : Bei kleinen Gruppen von 4 bis 8 Spielern kann das Spiel mit Klangfarben eine gute Einstimmung für eine wirklich f r e i e gemeinsame Improvisation bedeuten. Hierbei gilt keine bestimmte Spielregel; es können auch Schlagfolgen und rhythmische Vorgänge aller Art einbezogen werden. Man darf einen liegenden Klang beliebig variieren oder auch den Klangbereich entschieden wechseln. Verbindlich ist aber für alle Spieler, daß sie ständig aufeinander hören und reagieren, außerdem gelegentlich pausieren sollen. Je größer eine Gruppe ist, desto notwendiger wird das zeitweise Pausieren der einzelnen Spieler.

4. Mot-Spiel

Unter einem „Mot"*) verstehen wir eine profilierte ametrische Bewegungsart innerhalb eines engen Klangbereichs, die zeitlich nicht abgegrenzt, sondern zuständlich ist und ihren Charakter trotz des immer unregelmäßigen Verlaufs nicht verliert.

---

*) Die Bezeichnung entstand vor langer Zeit in einer Studentengruppe als Ausdruck für „weniger als ein Motiv" (Aussprache wie „Wort" auf französisch).

Bewegungsarten etwa dieser Beschaffenheit wurden bei den Kommunikationsübungen schon verwendet; doch handelte es sich dabei vorwiegend um einfache Formen des Mots, die man kaum als profiliert bezeichnen kann, die aber gerade dadurch strukturbildend und für eine Ausführung im Tutti geeignet sind. Ametrische rhythmische Unterteilungen gehören allerdings auch zu einem Mot einfacher Art. Ein Tremolo oder eine gleichmäßige Schlagfolge wären also noch kein Mot, wohl aber ein Tremolo mit unregelmäßigen Pausen oder Schläge in unvorhersehbarer Folge.

Wenn nur wenige Spieler über ein Mot improvisieren, so sollte dies reicher sein als ein „Tutti-Mot" und klangliche wie dynamische Differenzierungen aufweisen; es dürfte sogar k l e i n e Kontraste in sich vereinen. Auf einem primitiven Schlaginstrument ohne variable Klangmöglichkeiten läßt sich kein solistisches Mot erfinden.

Diese Definition des Wortes „Mot" richtet sich an alle jene Leser dieser Schrift, die sich zunächst theoretisch mit der Gruppenimprovisation beschäftigen möchten. Zur improvisatorischen Verständigung ist sie unter Erwachsenen wie unter Jugendlichen selten nötig. Es wäre sogar lähmend und einfallshemmend, wenn man eine praktische Einführung in das Motspiel mit solch einer ausführlichen Begriffsklärung b e g i n n e n wollte. Man muß in der Praxis unmittelbar vom Phänomen her zur Klärung kommen.

Die Art, wie man in das Motspiel einführen kann, hängt vom Alter der Spieler ab. Mit Heranwachsenden ab etwa 16 Jahren oder mit ein wenig Jüngeren, die schon im Umgang mit dem Material der neuen Musik geübt sind, kann der Leiter folgendermaßen vorgehen:

V o r b e r e i t u n g : Die Spieler sitzen im Kreis und haben jeder ein beliebiges, nicht zu primitives Instrument vor sich, mit dem sie umzugehen verstehen. Der Leiter bereitet die Spieler mit wenigen Worten darauf vor, daß er ihnen das Wesen eines „Mots" durch Vorspiel von zwei verschiedenartigen Spielaktionen demonstrieren wird. An beiden Aktionen soll das gleiche Prinzip als typisch für ein Mot erkennbar werden. Nach diesem Vorspiel soll niemand darüber reden, aber alle zugleich sollen zunächst auf ihren Instrumenten eigene Mots erfinden, ohne sich nach einem Partner zu richten; dabei können sie sich von allen Möglichkeiten der Klangerzeugung, die ihr Instrument auf bequeme Weise anbietet, inspirieren lassen. Ein bestimmtes Signal wird alle zur Ruhe bringen, und nun kann einer nach dem anderen auf seinem Instrument eine kleine Weile das eigene Mot vorspielen. Alles soll wortlos vor sich gehen. Gefragt oder kritisiert wird erst, wenn alle Beteiligten ein Mot vorzuspielen versucht haben.

Für das Vorspiel von Beispielmots vermeide der Leiter alles, was an „reine" Töne und Tonfolgen und metrische Rhythmen erinnern könnte, damit die Zuhörenden stilistisch eindeutig orientiert werden. Er wähle zwei sehr verschiedenartige Instrumente, z. B. für das erste Mot Bongos, für das zweite ein Melodieinstrument, und lasse sich darauf zwei sehr kontrastierende Mots einfallen: ein scharf akzentuiertes gegen ein gelassenes oder ein punktuelles gegen ein durchziehendes o. ä. Die Zuhörer sollen daraus entnehmen können, daß die einzigen gemeinsamen Faktoren beider Mots die Beibehaltung des rhythmischen und klanglichen Charakters und die unregelmäßige Fortspinnung sind. Damit ist das Wesen des Mots im Grunde gekennzeichnet.

Die Erfahrung mit dieser Art Einführung hat gezeigt, daß die meisten Beteiligten sofort ein „richtiges" Mot erfinden und daß sie bei nachträglicher Befragung ziemlich sicher angeben können, bei welchen der ersten

Versuche das Wesen des Mots nicht ganz getroffen war. Spieler, die mit neuer Musik noch gar nicht vertraut sind, geraten noch manchmal in regelmäßige und unverändert wiederkehrende, vielleicht sogar metrisch gebundene Spielweisen. Gelegentlich hört man auch ein Mot, das aus zwei gänzlich verschiedenen Klangbereichen gebildet wurde, z. B. aus Fell- und hellem Metallklang. Man kann diesen Spielern zu adäquaten Vorstellungen verhelfen, wenn man sie an unregelmäßige und doch im Charakter einheitliche Geräusche aus Natur und Technik erinnert: Wind, Vogelrufe, Autostraße usw.

Für Kinder zwischen 11 und etwa 15 Jahren ist das Motspiel als Improvisationsaufgabe keineswegs zu schwierig, nur sollte es zunächst nicht als „Motspiel" benannt und demonstriert werden. Spieler in dieser Altersstufe brauchen assoziative Vorstellungen als Inspiration zu Gestaltungen mit ungewohnten musikalischen Mitteln. Hier seien zwei Möglichkeiten beschrieben, die die jungen Spieler über bestimmte Assoziationen zu lebendigen Mot-Erfindungen anregen und die außerdem einen geschlossenen Spielablauf — ohne Unterbrechung durch störende Worte — darstellen.

a) Die verhexte Autobahn

S p i e l r e g e l : Die Spieler sitzen in konzentrischen Halbkreisen und haben alle eine oder mehrere Klangquellen möglichst origineller Art, nach Belieben aus Gegenständen oder Instrumenten bestehend, zur Verfügung. Den Halbkreisen gegenüber steht eine für alle gut sichtbare Tafel. Der Leiter erzählt etwa folgende Geschichte als Vorbereitung für den Spielvorgang:

> Auf einer Autobahn fahren dauernd Autos, aber die Straße ist verhext. Es erscheint nämlich manchmal mitten auf der Strecke rotes Licht, und zugleich hört man ein eigentümliches Geräusch, das weiterklingt oder immer wiederkehrt und dessen Herkunft sich niemand erklären kann. Neben dem roten Licht steht in Leuchtziffern geschrieben: „Wer das Geräusch aufzeichnen kann, bekommt grünes Licht." Die Autofahrer versuchen nun, das Geräusch aufzuzeichnen, aber erst, wenn es aufgrund sehr guter Klangbeobachtung gelingt, erscheint wieder grünes Licht.

Die jungen Spieler können überlegen, wie man dies alles darstellen kann. Vielleicht kommen sie auf brauchbare Ideen in bezug auf den Ablauf. Dieser ist etwa so gemeint: zunächst machen alle zusammen das sausende Geräusch der unaufhörlichen Autos. Hierfür wird im allgemeinen das Wischen auf Fellinstrumenten gewählt. Kindliche Spieler geraten natürlich in Versuchung, Auto- und Rennwagengeräusche vokal oder instrumental kräftig und mit allen Varianten beim Losfahren oder Gangwechsel zu imitieren. Man muß ihnen erklären, daß während der Fahrt nur das leise, gleichmäßige Geräusch, das man i m Auto hört, zu brauchen ist, weil man sonst die besonderen Geräusche bei rotem Licht nicht mehr heraushören würde. Nach kurzer Zeit des „Autofahrens" sollte vom Leiter oder von einem der Schüler schon das erste Rotlicht-Geräusch kommen; danach halten sofort alle Autos an. Man beobachtet das Geräusch, und einer nach dem andern kann an die Tafel gehen, um es aufzuzeichnen. Währenddessen soll das Geräusch immer weiter erklingen. Erst wenn der Urheber des Geräusches mit einer Zeichnung zufrieden ist, hört er auf und gibt „grünes Licht", indem er wieder sein Auto sausen läßt; sogleich sausen alle Autos mit, bis das nächste

Geräusch erklingt. Bei sehr kindlichen Spielern kann man natürlich zulassen, daß die Autos beim neuen Anfahren z u n ä c h s t die entsprechenden Motorgeräusche hören lassen, bis sie in gleichmäßiger Fahrt sind. Die „Rotlichtgeräusche" dürfen dann nicht kommen, bevor die Autos wieder leise sausen. — Reden ist während des ganzen Spiels unnötig und für die Schüler wie für den Leiter verboten!

M e t h o d i s c h e H i l f e n : Wie man ein charakteristisches Geräusch graphisch ausdrücken kann, ist unvorbereiteten kindlichen Spielern oft nicht klar. Manche zeichnen zunächst das klingende Instrument selbst hin — z. B. eine Cymbel — anstatt des Klangeindrucks, den das Instrument vermittelt. Wenn die Zeichner dagegen die betreffende Spielbewegung auf die Tafel übertragen, z. B. „gehämmerte" Einzelpunkte oder eine vibrierende kleine Hin- und Herbewegung, so stimmt das graphische Ergebnis im allgemeinen mit dem Höreindruck überein, wenigstens in grober Form. Eine gute Vorbereitung für dieses Spiel könnte also das Aufzeichnen einer „homogenen Entwicklung" (s. S. 24) sein; doch stellt die letztgenannte Improvisationsart als rein musikalischer Vorgang höhere Ansprüche als „die verhexte Autobahn". Der Leiter möge darum, wo es ihm nötig erscheint, die Schüler mit einfachen Vorübungen im graphischen Notieren auf die richtige Spur führen, bevor er die „verhexte Autobahn" in Szene setzt. Es genügt, wenn er den Schülern die einfachsten Zeichen wie Punkte, Balken, Keile, Zickzacklinien neben- oder untereinander an die Tafel zeichnet und sie für ein Ratespiel verwendet: beliebige Schüler (oder er selbst) stellen jeweils einen Typ der Zeichen an der Tafel als Klangaktion dar, die andern raten, welches Zeichen gemeint ist.

Bei der „verhexten Autobahn" werden die von den Kindern erfundenen Geräusche häufig differenzierte graphische Notationen erfordern, die man von Kindern nicht gleich erwarten darf. Kritische Verweigerung des „grünen Lichts" und gelegentliche graphische Darstellung vom Leiter selbst, der ja mitspielen soll, werden jedoch gute wortlose Hilfen für die Konzentration und das Verstehen des Vorgangs geben. Bei einiger Übung in diesem Spiel können Zeichnungen gelingen, die auf sehr feiner Klangbeobachtung beruhen.

Wenn die Spieler dabei engagiert sind, kann man dieses Spiel lange fortsetzen. Nach der Beendung muß aber noch etwas Zeit übrig sein, um über die graphischen Darstellungen zu sprechen.

K r i t e r i e n : Man beobachte folgende Dinge:

1. ob das Geräusch gleichmäßig oder unregelmäßig verläuft,
2. ob und in welchem Zeitverhältnis die jeweiligen Aktionen bei einem Geräusch durch Pausen getrennt sind,
3. ob ein Klang Nachhall hat oder nicht,
4. ob das Geräusch dynamisch gleichmäßig verläuft oder leise und laute Klänge bzw. Akzente enthält.

Helle und dunkle Klangfarben kann man entsprechend unserer Notenschrift durch „hoch" und „tief" an der Tafel unterscheiden.

Das Umsetzen der Klangereignisse in Graphik bedeutet einen Weg von der unbewußten zur bewußten und ins einzelne gehenden akustischen Wahrnehmung. Die Spieler und Hörer wissen meist nur ungenau, was für ein Geräusch gerade erklingt; durch den Vergleich mit der Zeichnung aber wird ihnen klarer, was sie tun oder hören. Umgekehrt hat das Zeichnen auch eine Rückwirkung auf das Erfinden von Klangaktionen. Die Spieler werden in der Absicht, den Zeichnern interessante Aufgaben zu geben, allmählich auf profiliertere Einfälle kommen. Damit sind sie aber ohne viel Erklärungen beim Motspiel angelangt. In den meisten Fällen wird es gut tun, wenn der Leiter den Spielern einen unregelmäßigen Verlauf von Mots schmackhaft macht. Er kann die Jugendlichen u. a. durch eigene Beispiele davon überzeugen, daß es sowohl beim Spielen wie beim Zeichnen spannend ist, wenn man dauernd variiert und wenn keiner vorausweiß, wie es weitergeht.

Durch die Aktionen der Hand, die ein Geräusch verursachen, wird den Spielern auch klar, daß ein Mot eine „Bewegungsart" ist und daß bei entsprechend geschickter Ausnutzung eines Gegenstandes oder Instruments aus e i n e r Bewegung ein rhythmisch und klanglich kompliziertes Mot entstehen kann. Man probiere z. B. einmal aus, wie es klingt und wie man es aufzeichnen müßte, wenn man einen auf der Pauke liegenden Jazzbesen am Stiel leicht anhebt und wieder fallen läßt. Man bekommt durch solche Beobachtungen einen Sinn für lebendige Mots, die evtl. auch einen kleinen Gegensatz enthalten, aber nicht zusammengesetzt wirken, sondern spürbar auf e i n e r Aktion beruhen.

Bei der „verhexten Autobahn" sitzen die Spieler ausnahmsweise einer Front in Gestalt der Tafel gegenüber. Das behindert die rein musikalischen Interaktionen der Gruppe; sie gehören auch nicht zur Spielregel. Dafür findet die Kommunikation zwischen dem jeweiligen Urheber des Rotlicht-Geräusches und dem Zeichner und auch zwischen den Zeichnern untereinander statt. Das Spiel impliziert also keine echte Gruppenimprovisation (s. S. 10), bedeutet aber doch einen Vorgang aus gemeinsamem Gestalten; es trägt viel dazu bei, daß die Phantasie der Spieler sich mit neuen musikalischen Mitteln zu äußern vermag.

b) Tiere vom Mars

S p i e l r e g e l : Beim Spiel unter diesem Motto wird keine Tafel gebraucht. Die Spieler sitzen wieder einander zugewandt und auf nicht zu großem Raum verteilt; sie haben jeder möglichst zwei verschiedene Klangquellen beliebiger Art zur Verfügung. Der Leiter gibt der Gruppe etwa folgende Einführung:

Stellt euch vor, daß eines Tages eine Verbindung zwischen Mars und Erde zustande gekommen ist; nun können auch Lebewesen vom Mars auf die Erde gelangen. Es fliegt also plötzlich ein ganz fremdartiges Tier vom Mars auf die Erde herunter und gibt für uns ganz ungewohnte Laute von sich. Nachdem es eine Weile vor sich hin gekrächzt, geschnauft oder gebrüllt hat, kommt ein zweites Tier herunter, an dessen Lauten man sofort erkennt, daß es zur Familie des ersten Tieres gehört, und nach kurzer Zeit kommen noch einige weitere derselben Art hinzu. Alle diese Marstiere unterhalten sich eine längere Weile in ihrer eigenen Sprache miteinander. Schließlich hört man die Laute eines ganz anderen Tieres, das ebenfalls vom Mars heruntergekommen ist. Es fällt durch seine gegenüber den bisherigen Tierlauten völlig andersartige Stimme oder Geräusche auf. Stammten z. B. die ersten Tierlaute von vogelartigen Geschöpfen, so klingt die Stimme des neuen Tiers eher nach einem Hund oder Wolf. Nach kurzer Zeit werden auch die Tiere der zweiten Art mehr und mehr; die erste Tierfamilie dagegen zieht sich langsam zurück, weil sie die neu angekommenen Tiere nicht leiden mag, vielleicht sogar fürchtet. Die zweite Tierfamilie führt wieder ein längeres Gespräch, zunächst noch im Wechsel oder im Kampf mit den ersten Tieren, nachher unter sich. Schließlich erscheint auf die gleiche Weise wie bisher eine dritte Tierart mit völlig neuartigen Lauten, die wieder zu denen der zweiten Tierart deutlich kontrastieren.

Man kann sich denken, wie das Spiel weitergeht. Es sind vor dem Beginn sicher nicht viel Absprachen nötig. Die jeweils neuen Tierlaute werden von den verschiedenen Beteiligten in beliebiger, nicht vorbestimmter Reihenfolge eingeführt. Die einzelnen Spieler sollen sich nur bei Tierlauten einmischen, die sie mit einer ihrer Klangquellen wirklich wesensgemäß imitieren können. Besonders interessant ist dies natürlich, wenn es mit einem anderen Gegenstand oder Instrument als mit dem, womit das „Originaltier" zum Klingen gebracht wurde, gelingt. Leichte Varianten in der Klanghelligkeit oder in der Lebhaftigkeit des Tempos sind innerhalb der Laute einer Tierfamilie natürlich immer vorhanden und erhöhen bei diesem Spiel das klangliche Vergnügen. (Auch Hunde bellen verschieden.)

Man soll die Tiere nicht zu schnell hintereinander kommen lassen. Wenn die Einfälle sich überstürzen und man mehr als zwei Tierarten zu gleicher Zeit hört, so weiß man bald nicht mehr, welcher Laut „dran" ist, und binnen kurzem wird die gesamte Fauna des Mars gleichzeitig durcheinanderschreien. Zwar wäre auch diese Situation manchen kindlichen Spielern willkommen, und wenn man ihnen den Spaß vergönnen will, so möge man die betreffende Warnung zunächst nicht aussprechen. (Sie nützt sowieso nicht immer.)

Während der Ausführung des Spiels geht es bald recht lebhaft zu, und es ist für den Leiter oft nicht leicht zu entscheiden, ob und wann Einhalt zu gebieten ist. Es ist am Anfang schwierig, alle Regeln einzuhalten, und die Imitationen der Tierlaute geraten oft so unähnlich, daß man nicht sicher ist, ob ein „altes" oder ein „neues" Tier gemeint war. Wenn die Situation vom Klang her unklar geworden ist, hat das Weiterspielen nur noch Sinn, wenn es allgemein Vergnügen bereitet, und dies ist hierbei selten von Dauer. Sowie Unbehagen und Ratlosigkeit aufkommen, muß das Spiel jedenfalls unterbrochen werden. Man kann nun die Laute einer bestimmten Tierfamilie wiederholen lassen und zur Diskussion stellen, ob sie wesensgleich geklungen haben.

Die Spieler werden durch die ersten unvollkommenen Versuche in diesem Spiel auch einsehen lernen, warum die jeweils neue Tierart zur vorigen kontrastieren soll: wenn eine den bisherigen Lauten ä h n l i c h e Tierstimme auftritt, weiß man nicht, ob damit die alte oder schon eine neue Tierfamilie gemeint ist. Außerdem heben im Charakter gegensätzliche Tierlaute sich viel besser voneinander ab als ähnliche und ergeben miteinander eine lebendige, spannungsreiche „Musik". Die Vorstellung, daß man Tierlaute darstellt, die ja fast immer unregelmäßig sind, ist wieder eine Hilfe zum Loskommen von metrisch orientierten Mots und von genauen Wiederholungen. Der Leiter muß dies auch gelegentlich gesondert von einem „Solisten" oder einem „Duo" üben lassen. Hat die Klasse oder Gruppe eine längere gemeinsame Improvisation gestaltet, dann sind die Spieler sicher bereit, eine Weile zuzuhören, wie ein oder zwei Spieler das Mot ständig ein wenig variieren: einmal kurzer, einmal länger hintereinander spielend, heller oder dunkler, leiser oder lauter, träge oder witzig, oder vorübergehend nur Einzelteile des Mots verwendend.

Das Spiel „Tiere vom Mars" kann in Abständen öfter wiederholt werden. Die Spieler werden sich dafür mit immer originelleren Klangideen rüsten, wenn man ihnen vor Beginn ein wenig Zeit zum Ausprobieren läßt. Vom zweiten Male an sollte man die genaue Einhaltung der Spielregeln fordern.

1. E r w e i t e r u n g : Je nach der Einstellung der Beteiligten und nach ihrer Übung im vokalen Bereich ließe sich dieses Spiel auch mit Einbeziehung der Stimme durchführen, am besten gemischt mit instrumentalen Geräuschen. Eine interessante Aufgabenstellung könnte dabei sein: das Erscheinen eines n e u e n Mars-Tieres wird jeweils instrumental dargestellt; die Nachahmer benutzen nach Belieben Stimme oder Instrument.

2. E r w e i t e r u n g : Es liegt nahe, die Marstiere auch von der Bewegung her darzustellen. Die Spieler dürfen, wo Räumlichkeit und Motiviertheit der Gruppe es anbieten, in den freien Raum laufen und ein Marstier — jeweils unmittelbar zum Geräusch — mimen. Da hier Bewohner eines fremden Planeten dargestellt werden, treffen die ausgefallensten Ideen, die keine Nachahmung bekannter Tiere oder Menschentypen verraten, am besten zu.

Die „Tiere vom Mars" stellen in vieler Beziehung höhere Ansprüche an die Spieler als die „verhexte Autobahn". Das Imitieren eines Marstier-Lautes mit den verschiedensten Klangquellen setzt genaue Beobachtung und Erfahrung mit Klangmaterialien voraus; das Erfinden von wirklich gegensätzlichen neuen Tierlauten fällt Kindern zunächst nicht leicht, und das Warten mit dem Anbringen neuer Einfälle sowie der Verzicht auf das Mitspielen, solange die eigenen Klangquellen ungeeignet sind, fordern Rücksichtnahme und soziale Einordnung.

Die beiden oben beschriebenen Spiele „Autobahn" und „Tiere vom Mars" enthalten Lernvorgänge, die auch große Schüler und Erwachsene interessieren und fördern. Die Frage ist nur, wo und wie man die auf Kinder zugeschnittenen Rahmenvorstellungen bei der Einführung der Spielregeln fortlassen bzw. ersetzen müßte. Am empfindlichsten sind in dieser Richtung natürlich Jugendliche ab etwa 15 Jahren. Voll Erwachsene dagegen, vor allem diejenigen, die selbst Kinder haben oder unterrichten, stehen nicht mehr im „Verdacht", noch Kind zu sein; darum nutzen sie die Inspiration und die spielerische Einstellung, zu denen ihnen die beschriebenen Rahmenvorstellungen verhelfen, häufig mit Vergnügen aus.

Die Vorstellung einer verhexten Autobahn ist jedenfalls für die oberen Schulklassen ungeeignet. Es wäre aber schade, wenn man den betreffenden wortlosen und spannenden Vorgang, bestehend aus dem Mot-Spiel eines Einzelnen und dem Versuch einer graphischen Darstellung mit einem klingenden Signal für „Einverstanden, es kann weitergehen!" den größeren Schülern vorenthalten wollte. Man sollte also den Vorgang als nüchterne Spielregel erklären und dabei versuchen, die Notwendigkeit eines leisen Geräusches wie das Sausen der „Autos", das ja als Signal und als „Überbrückungsklang" eine wichtige sachliche Funktion hat, plausibel zu machen.

Auf das Spiel „Marstiere" werden Jugendliche schon eher eingehen wollen. Es wäre aber auch nicht schwierig, die betreffende Spielregel als sachlichen Vorgang einzuführen. Die 1. Übung im Mot-Erfinden (s. S. 41) sollte hier vorausgegangen sein.

c)   Spiel mit einem Mot oder mit zwei Mots

G r u n d s p i e l r e g e l : Man versucht zunächst, in möglichst abwechslungsreichem Verlauf über e i n Mot zu improvisieren. In einer Schulklasse braucht man dafür eine spielende und eine hörende Gruppe, wobei die erstere die kleinere sein sollte. Die Zuhörer sollen ein Haltezeichen geben, wenn es langweilig wird, und danach berichten, ob sich im Spiel etwas musikalisch Interessantes ereignet hat und ob der Charakter des Mots erhalten geblieben ist.

K r i t e r i e n : Vielleicht helfen die Zuhörer durch Ratschläge, z. B. daß man in der Dynamik, im Tempo, in der Dichte des Zusammenspiels mehr Abwechslung bringen sollte oder daß man Klang- und Helligkeits- werte bewußter, evtl. einheitlicher im Zusammenklang, einsetzen könnte. Man wird auch feststellen, daß das Spiel mit nur e i n e m Mot in größerer Gruppe leicht zu einem dicken verworrenen Gesamteindruck führt. Das bedeutet, daß die Spieler, je größer ihre Gruppe, umso sparsamer mit den eigenen Einsätzen sein, mit anderen Worten: Luft lassen, viel pausieren müssen. Ihr Spiel sollte vorwiegend den Charakter von Ruf und Antwort haben und nicht den eines übereifrigen Palavers.

Unter dieser Voraussetzung werden die Zuhörer auch eine zeitlich begrenzte Episode größerer Klangdichte akzeptieren. Das intensive Zuhören und Kritisieren schafft Klarheit und dient der Konzentration bei den anschließenden eigenen Spielversuchen.

E r w e i t e r u n g : Entsprechend einer neuen „Marstierart", die als gegensätzliche Erscheinung zu der schon vorhandenen hinzukommt, versucht man nun ein Spiel aus „Mot" und „Gegenmot". Ein beliebiger Spieler erfindet das erste Mot, und während er es fortspinnt, setzt ein beliebiger zweiter Spieler ein anderes Mot dagegen. Beide Spieler improvisieren so eine kurze Weile miteinander, bis die Zuhörer sich eine Meinung bilden konnten, ob die Mots sich gut ergänzen, ob keins das andere „erschlägt", ob ihre gegensätzlichen Charaktere Spannung und Vergnügen bringen. Wenn die beiden Gegenmots „auf Anhieb" überzeugen, sollten die Spieler, ohne Worte zu verlieren, in der für ihre Instrumente geeigneten „Partei" imitierend ein- setzen dürfen. Im anderen Fall fragt man sich zunächst, w a r u m ein Mot oder Gegenmot nicht gefallen hat, und versucht, etwas Besseres zu erfinden.

K r i t e r i e n : Das gleichzeitige Spiel von Mot und gutem Gegenmot bewirkt an sich keine klangliche Un- klarheit. Wenn man aber mit seinen musikalischen Mitteln ökonomisch umgehen will, so warte man mit der Einführung des zweiten Mots, bis die Fortspinnung des ersten Mots langweilig zu werden droht. Vorher besteht kein Grund — außer persönlicher Ungeduld —, neue Ideen ins Spiel zu bringen. (Auch die Mitspieler müssen zuhören können!) Dies gilt ebenso für ein Duospiel wie für ein Spiel von zwei Gruppen mit je einem Mot. Für letztere bleibt das Luft-Lassen, Pausieren, auf „Anrufe" Reagieren wichtig.

Auch die Spielergruppe mit dem zweiten Mot sollte im Verlauf der Improvisation eine Zeitlang für sich, d. h. ohne das erste Mot spielen. Die Gruppe mit dem ersten Mot praktiziert solange eine der besten Anstands- regeln für Improvisation in größerer Gruppe: „Wer pausiert, macht sich beliebt." Beim Pausieren muß man aber gut zuhören, um den rechten Augenblick zum Wieder-Einsetzen zu finden (z. B. auf einem Höhepunkt oder Tiefpunkt der Spannung).

Schwierig ist beim Spiel mit zwei verschiedenen Mots auch, daß jede Gruppe den speziellen Charakter i h r e s Mots gegen das andere durchhält und sich nicht etwa dem anderen allmählich angleicht.

Die Aufgabe, beim Musizieren mit Mot und Gegenmot auch noch auf den Wechsel der Dynamik, des Tempos und der Dichte zu achten, kann man nur Fortgeschrittenen auf diesem Gebiet stellen.

Auch beim Spiel mit zwei Mots, bei dem ja mehr Spieler mitmachen können als beim Spiel mit einem Mot, kann noch eine Zuhörergruppe aktiviert werden (ihre Aufgaben: Hören, Berichten, Kritisieren und evtl. Schlußzeichen-Geben).

d) Improvisieren mit mehreren Mots (nur für kleinere Gruppen)

G r u n d s p i e l r e g e l : Ähnlich wie beim Zusammenmischen von in der Runde „angebotenen" Geräuschen und Liegeklängen (s. S. 40) soll jetzt jeder Spieler oder Vokalist im Kreis ein Mot erfinden und mit den anderen zugleich anbieten. Jeweils ein Mitglied der Gruppe hört die Mots an und wählt dann durch Auswinken und evtl. wieder Heranwinken drei bis vier davon aus, die sich gut ergänzen und das musikalische Material für eine in sich geschlossene Improvisation ergeben können. Die gewählten Spieler (und Vokalisten) improvisieren nun miteinander ein Stück, in dem jeder nur sein eigenes Mot — mit allen Variationsmöglichkeiten — verwenden darf.

K r i t e r i e n : Jeder soll die schon gemachten Erfahrungen verwerten, z. B. daß man mit seinen Mitteln ökonomisch verfährt. Wenn schon am Anfang mehrere Mots zugleich auftreten, läßt sich die musikalische Situation kaum noch ändern und steigern. Am besten beginnen also nur ein oder höchstens zwei Spieler bzw. Vokalisten mit der Improvisation und variieren ihr Mot so lebendig, daß man gerne eine Weile zuhört, ehe ein weiteres Mot sich einmischt. Die guten Regeln Luft-Lassen, Reagieren, Wechsel in Dynamik und Dichte gelten weiter, nicht zuletzt: „Wer pausiert, macht sich beliebt".

Beim Spiel mit drei bis vier verschiedenen Mots sollten diese nur solistisch vertreten sein; es klingt meist zu dick und undurchsichtig, wenn auch hier mehrere Partner über ein Mot improvisieren.

1. E r w e i t e r u n g : Man kann in fortgeschrittenen Gruppen noch Hintergrundklänge einbeziehen; hierfür dürfen sich die zur Zeit Unbeschäftigten vokal oder instrumental mit gut gewählten leisen Liegeklängen oder Geräuschen einmischen und wieder ausblenden, wann sie es für passend halten. Ihr Spiel soll stets nur als Klangfarbe, nicht als Bewegungsvorgang wahrgenommen werden.

2. E r w e i t e r u n g : Vokalisten oder Spieler gleichartiger Instrumente kommen manchmal auf den Gedanken, im geeigneten Augenblick anstatt des eigenen Mots das eines Partners mitzumachen; vielleicht entsteht daraus eine Unterhaltung aller am Motspiel Beteiligten mit gemeinsamem Mot. Dies kann zu einem willkommenen Wechsel der Situation oder auch zu einem guten Schluß führen.

Die beiden Erweiterungen dieser Improvisationsform sind nur für Spieler geeignet, die sich schon sehr gut konzentrieren und zurückhalten können.

5. Darstellendes Improvisieren

(Improvisieren aufgrund gemeinsamer Vorstellungen)

Dieses Kapitel bezieht sich auf eine für Kinder und Jugendliche typische Eigenschaft, auf die im grundsätzlichen Teil des Buches (über „Entwicklungsrichtungen") schon eingegangen wurde: Die jungen Spieler lassen sich gerne von bestimmten Vorstellungen zum musikalischen Gestalten inspirieren. Diese Vorstellungen liegen bei größeren Kindern, ebenso wie bei Erwachsenen, meistens außerhalb akustischer Bereiche, haben also a s s o z i a t i v e Bezüge zur musikalischen Erfindung. Aber auch Erinnerungen an r e a l e akustische Erlebnisse können zur musikalischen Darstellung reizen, wenn sie klanglich interessant und vielgestaltig sind.

Beide Arten von Vorstellungen bilden für die jungen Spieler überzeugende Motivationen, mit dem neuen musikalischen Material zu improvisieren, und bedeuten darum eine Brücke zu ungewohnten musikalischen Bereichen. (Auch Erwachsene sind heute oft noch dankbar für eine Hilfe dieser Art beim ersten kreativen Umgang mit neuer Musik.)

In den vorigen Kapiteln wurde schon bei „Metrum und Opposition", „Die verhexte Autobahn" und „Tiere vom Mars" Improvisation durch außermusikalische Vorstellungen in Gang gesetzt. Aber diese Vorstellungen „dienen" mehr oder weniger dem Zweck, die Konzentration auf ganz bestimmte Vorgänge zu lenken. Im vorliegenden Kapitel sind die Vorstellungen das Primäre, und aus ihnen sollen keine Übungen, sondern einigermaßen komplexe Musik entstehen, deren einheitlicher Charakter aus der bei allen Beteiligten gemeinsam zugrundeliegenden Idee hervorgeht.

a) Klangbilder

Klangbilder erraten (ein einfaches, kurzweiliges Spiel zur ersten Anwendung neuer musikalischer Mittel)

1. S p i e l r e g e l : Jeder Spieler hat möglichst mehrere verschiedenartige Klangquellen aus Gegenständen und Instrumenten zur Verfügung. Der Leiter erklärt, daß man jetzt „Klangbilder" gemeinsam herstellen wird, die jeweils etwas Bestimmtes bedeuten. Der Spielablauf soll dabei folgender sein:

Der Leiter spricht ein Wort aus; danach richten sich alle Spieler schnell und schweigend auf die Darstellung des Wortes ein, u. a. durch Ergreifung des geeigneten Klangmaterials, aber noch ohne zu spielen. Nach einer Minute gibt der Leiter ein verabredetes Zeichen, vielleicht wie das Ratschen eines aufgehenden Vorhangs, und sofort soll das Klangbild von allen Spielern zugleich erklingen. Durch ein zweites Zeichen wird das Klangbild beendet.

Auf diese Weise werden nun — zur Einführung in das Improvisieren von Klangbildern — drei Worte dargestellt, von denen die ersten zwei am besten reale Klangvorstellungen bringen, das dritte Wort aber einen nicht hörbaren Inhalt hat, z. B.: „Maschinenhalle" — „Vögel im Walde" — „Nebel".

Der Unterschied zwischen den beiden ersten Worten und dem dritten Wort wird den jungen Spielern (und meist auch Erwachsenen) nicht bewußt. Während sie bei „Maschinenhalle" und „Vögel" reale Klangerlebnisse wiedergeben, stellen sie sich bei „Nebel" mit größter Selbstverständlichkeit auf eine Darstellung um, bei der eine visuelle Vorstellung ins Auditive übertragen wird.

Nach der Ausführung von drei Klangbildern dieser Art kann man den Spielern bewußt machen, daß sie beim letzten Mal klingend etwas dargestellt haben, was eigentlich unhörbar ist, und daß gerade dies das Interessantere und die weniger kindliche Aufgabe ist.

2. S p i e l r e g e l : Alle Beteiligten suchen nun nach weiteren Wörtern, deren Inhalt unhörbar ist, aber unsere musikalische Phantasie anregt. Vielleicht gibt der Leiter zunächst einige Wörter als Beispiel, wie „fliegende Federn", „Blümchentapeten"; dann werden die Vorschläge von allen Seiten kommen. Kinder schlagen oft sehr originelle und lustige S a c h e n vor wie „Kaugummi", „Vogelscheuche", „Fratze", „Mobile". Etwa vom 14. Jahr an möchte man auch gerne etwas Stimmungshaftes darstellen wie „Nacht", „Mondschein", „Regenbogen" oder einen seelischen Zustand wie „Angst". (Auf das hiermit Ausgesprochene wird S. 53 eingegangen.)

Von den vorgeschlagenen Wörtern wählt man etwa sechs besonders stimulierende aus und schreibt sie an die Tafel. Dann beginnt das Ratespiel: Eine sehr kleine Gruppe wird hinausgeschickt, die übrigen verabreden, welches der sechs Wörter dargestellt werden soll; mehr nicht! W i e man darstellt, bleibt jedem Spieler überlassen. Es wird nichts besprochen oder „geprobt", sondern alle Spieler zugleich lassen spontan ihre eigene Darstellung auf gut gewählter Klangstelle ertönen. Der Gesamteindruck wird dabei verblüffend einheitlich.

Die Rater sollen heraushören, welches der sechs angeschriebenen Wörter in Frage kommt. Wenn das Wort erraten wurde, kann der betreffende Rater vielleicht mitteilen, an welcher der vielen Klangdarstellungen er es erkannt hat, und auch, welche Beiträge ihn evtl. irritiert haben.

Als Ersatz für das „verbrauchte" Wort wird nun ein neues „sechstes" Wort angeschrieben, und neue Rater werden ausgesondert. Auf diese Weise kann das Spiel eine längere Weile weitergehen.

*

Bei diesem Spiel kann sich jeder Beteiligte in die klangliche Realisierung seiner Vorstellung vertiefen, ohne zur Reaktion auf die Partner verpflichtet zu sein. Kommunikation der Spieler untereinander gehört hier ausnahmsweise nicht zur Aufgabenstellung; dafür gewährt die Spielregel dem Einzelnen beim Darstellen eines Wortes unbeschnittene Kreativität. Durch das Raten wird das Ganze trotzdem zu einem Gruppengeschehen. Man muß sich beim Darstellen des Wortes deutlich ausdrücken und sich beim Raten gut in das Spiel der Partner hineinhören.

Wegen ihres geringen Anspruchs an Kommunizieren und Reagieren und durch ihren Charakter als Ratespiel ist diese Spielregel besonders für Kinder und für Anfänger im Umgang mit neuem musikalischem Material geeignet, aber auch für Jugendliche und Erwachsene mit Sinn für musikalische „Spiele".

Ausbau von Klangbildern

Unter den Wörtern, die hier für Klangbilder vorgeschlagen wurden, geben einige auch genügend Stoff für ein selbständiges Darstellungsspiel. Als Nachgestaltung akustisch erlebter Vorgänge eignet sich „M a s c h i n e n - h a l l e" besonders gut. Das Spiel ließe sich etwa so anlegen:

1. S p i e l i d e e : Alle Beteiligten versuchen zu gleicher Zeit, aber jeder auf seine Art, eine Maschine mit geeigneten Geräuschquellen akustisch darzustellen. (Man kann dafür je nach Möglichkeit auch eine Gruppe von Spielern zum ungestörten Ausprobieren hinausschicken.) Vokale Darstellungen sind hier ebenso naheliegend wie instrumentale. Beim Benutzen von Musikinstrumenten sollte man auf „klangschöne" Aktionen wie z. B. nachhallende Schläge auf Becken oder Metallophon verzichten. Auch „lebendige" und variable Rhythmen treffen den Maschinencharakter nicht. Die Ausführenden sollten sich ganz in die Rolle einer fühllosen, starren und stumpfsinnigen Maschine hineinversetzen. Natürlich können die Maschinen einander auch nicht hören; es erfindet also jeder in der Gruppe seinen eigenen rhythmischen Typus mit einem von den andern unabhängigen Metrum. Das Aufeinanderhören kann in diesem Fall nur d e n Sinn haben, daß jeder etwas zu erfinden versucht, was noch nicht in ähnlicher Form zu hören ist. Wenn es ohne umständliche Vereinbarungen geht, können auch einmal zwei Partner zusammen e i n e Maschine darstellen.

Wichtig ist vor Beginn des Probierens die Ansage, daß jeder nur solange „herumspielen" soll, bis seine Maschine fertig erfunden ist, sonst nimmt der ungeordnete Lärm kein Ende. Sobald Stille eingetreten ist, wird ein „Werkmeister" ernannt, der „am Morgen in die Halle tritt" und die Maschinen in beliebiger Reihenfolge in Gang setzen, aber auch wieder abstellen kann. Dies macht er natürlich nicht wie ein Dirigent von einem festen Platz aus, sondern er geht zu den betreffenden Maschinen hin und mimt ein Knopfdrücken, einen Hebelgriff o. ä.

1. E r w e i t e r u n g : Bei diesem Vorgang ist zunächst das reine Vergnügen an den in Phantasie und Witz sich oft überbietenden Aktionen Motivierung genug. Bei Wiederholungen des Vorgangs, wobei der Werkmeister natürlich ausgewechselt wird, sollte man fragen, ob und wie der Meister seine Maschinen nach musikalischen Gesichtspunkten an- und abstellen könnte. Die Beteiligten haben hierfür vielleicht folgende Vorschläge:

— Jeweils nur Maschinen von ähnlicher Lautstärke zugleich, damit man die leiseren auch heraushören kann,

— nicht zu viele zugleich, damit man die einzelnen besser erkennt,

— Gegensätzliches zu gleicher Zeit, damit sich die Geräusche gut voneinander abheben,

— ein paar leisere Maschinen laufen die ganze Zeit, die Geräusche der anderen werden sporadisch hineingemischt,

— zwischen leise und laut bzw. zwischen dem Ertönen weniger und vieler Maschinen wird gelegentlich übergangslos, erschreckend plötzlich gewechselt,

— man benutzt bewußt die Gegensätze zwischen hellklingenden und dunkelklingenden Maschinen oder zwischen mehr durchziehenden und mehr hämmernden Geräuschen.

Einige Zuhörer werden ernannt, die bei den nun folgenden Vorgängen beobachten und berichten, mit welchen musikalischen Absichten der Meister verfahren ist.

Durch die Rollen des Werkmeisters und der Zuhörer wird aus diesem Spiel mehr als eine lebhafte Betätigung der klanglichen und rhythmischen Phantasie. Man kann das Spiel als eine Übung im polyphonen Hören und Gestalten betrachten, die auch das Durchhalten voneinander unabhängiger Rhythmen und Metren einschließt. Die Vokalisten haben noch den Vorteil, daß sie ihre Maschine auch als Bewegung darstellen können.

2. E r w e i t e r u n g : „Die kaputte Maschine". Oft kommen die jugendlichen Spieler selbst darauf: eine der Maschinen „geht kaputt" und verändert ihr Geräusch in deutlicher Form. Wie beeinflußt das den gesamten Spielablauf?

Der Werkmeister muß zunächst heraushören, wann eine Maschine — und welche — kaputtging, was bei „vollem Werk" nicht einfach ist. Voraussetzung dafür ist, daß alle Maschinendarsteller zunächst eine längere Weile ihre „heilen" Lautaktionen hören lassen, damit das Kaputtgehen einer Maschine als solches erkannt werden kann.

Der Meister wird wahrscheinlich, sobald er die defekte Maschine entdeckt hat, alle übrigen Maschinen abstellen und sich mit verschiedenen pantomimischen Aktionen um diese eine bemühen. Sicher gelingt die Reparatur nicht gleich beim ersten Hebelgriff, sondern die Maschine ändert nur ihr Ostinato in ein anderes (ebenso mißvergnügtes) um. Auch auf den nächsten Griff reagiert die Maschine „sauer", d. h. mit neuen Fehlaktionen. So kann es eine Weile weitergehen, bis die Maschine („resigniert" oder auch „sichtlich erlöst") ihr ursprüngliches Geräusch wieder aufnimmt. Weiß man noch, wie es klang? Natürlich kann es auch vorkommen, daß der Meister die Geduld verliert und die defekte Maschine kurzerhand abstellt. (Die betreffende Bewegung müßte vorher vereinbart sein, damit die Mitspieler sie verstehen.) Nun können die übrigen Maschinen wieder laufen, und eine andere Maschine kann, am besten unter einem neuen Werkmeister, „kaputt" spielen.

Dieser Spielvorgang enthält viel Anlaß für Jugendliche, mit drastischen Späßen über die Stränge zu hauen. Zur Vermeidung des Gröbsten sollte man von vornherein fest abmachen, daß der Meister die Personen, die die defekte Maschine spielen, beim „Reparieren" nicht berühren darf. Das oftmalige Ändern der Laute einer in der Reparatur befindlichen Maschine läßt sich besonders gut vokal darstellen, da man so seine Klangmittel mühelos variieren und wechseln kann.

Kindliche Spieler werden als Maschine in der Reparatur sicherlich oft ungebunden und unvermittelt die verschiedensten Lautaktionen aneinanderreihen. Will man später etwas mehr Ansprüche stellen, so gebe man zu bedenken, daß eine Maschine im allgemeinen nur Geräusche innerhalb ihrer speziellen Klangmöglichkeiten hervorbringen kann. Das bedeutet für den Darstellenden, daß er nur etwa die Laute des eigenen „heilen" Ostinato benutzen, diese aber abwandeln, umstellen, teilweise auslassen oder in der rhythmischen Folge variieren dürfte. Hier kommt also das Gestaltungsprinzip der Variation ins Spiel. Es lohnt auch hier, Zuhörer als Berichterstatter einzusetzen.

Die Spielidee bedeutet eine nicht geringe Forderung an die Darsteller des Meisters und der defekten Maschine, darüberhinaus aber auch für die ganze Gruppe. Denn da jeweils nur e i n e Maschine kaputtgehen soll, muß man sich umhorchen, ob nicht schon eine Fehlaktion im Gange ist, ehe man seinerseits „defekt" spielt. Was tun, wenn doch zwei Maschinen zugleich kaputtgehen? Vielleicht bemerkt einer der „amtlichen" Zuhörer die zweite defekte Maschine und übernimmt rasch die Rolle eines zweiten Werkmeisters, der diese zweite Maschine repariert. Das kann ein turbulentes Duett von zwei widerhaarig reagierenden Maschinen ergeben.

2. u. 3. S p i e l i d e e : Als v i s u e l l erlebbare Begriffe bieten „Blümchentapeten" und „Aquarium" sehr reiche Möglichkeiten für eine Übertragung ins Klangliche. Hier können die Spieler für ein und denselben

Begriff die verschiedenartigsten Erfindungen machen, und der Gesamteindruck wird lebendig und vielfarbig. Am Anfang mache man sich klar, was trotz der reichen Möglichkeiten zur Darstellung des gewählten Wortes gemeinsam erfüllt werden sollte, was also für den Wortinhalt wesentlich ist; für „Blümchentapeten" wäre das z. B. das genau und regelmäßig Wiederkehrende, für „Aquarium" die gleitende Bewegungsart und das ständige Variieren eines „Mots". Außerdem sollen die Spieler wissen, daß sie ihre Ideen jetzt in aller Ruhe aufeinander abstimmen können. Man beginnt mit unbefangenem Erfinden und verschiebt verbale Beeinflussung auf später. In großer Gruppe oder Schulklasse könnte eine Einteilung in etwa drei kleinere Gruppen günstig sein, die, jeweils versehen mit ausreichendem Klangzeug, in verschiedenen Räumen gleichzeitig eine Wortdarstellung ausprobieren. In der Gruppe, bei der der Leiter bleibt, möge dieser sich weitgehend als Partner einordnen und so wenig wie möglich Direktiven geben. Auf diese Weise können die Spieler schon während ihrer Gestaltungsversuche selbständige Kriterien entwickeln. Wenn die Gruppen einander nachher ihre Klangbilder vorspielen, stellt sich sicher heraus, daß es jeder Gruppe auf andere Dinge ankam, und man tauscht Gestaltungsideen untereinander aus. Das Aufeinander-Eingehen der Spieler innerhalb einer Gruppe bedeutet in diesem Fall natürlich nicht ein Imitieren, sondern ein Sich-Ergänzen; man versucht beizusteuern, was noch f e h l t , z. B. dunkle Klangfarbe oder langsame Bewegung. Man wird auch bald erkennen, daß klanglich auffallende Beiträge umso besser wirken, je seltener sie eingesetzt werden.

Wenig geübte Spieler haben noch nicht gelernt, Spielversuche und Reden im rechten Verhältnis anzuwenden, und verschwätzen oft die meiste Zeit, wenn sie in selbständigen Gruppen unter sich arbeiten. Durch Wiederholung der Versuche im selbständigen Arbeiten können sie am besten davon geheilt werden. Hierzu verhilft ihnen vielleicht auch die Beobachtung, daß Gruppen, die bei ihren gemeinsamen Versuchen vom T u n und nicht vom Reden ausgingen, eher zu einer überzeugenden Gestaltung gefunden haben.

b)   Darstellung psychischer Eigenschaften oder Zustände

Die folgenden Übungen eignen sich für Erwachsene und für Jugendliche ab etwa 14 Jahren. Man versucht gemeinsam, bestimmte Vorstellungen aus — im weiten Sinn — psychischen Bereichen darzustellen, und kommt dabei durch die beschriebene Spielform zu differenzierter musikalischer Kommunikation.

S p i e l r e g e l : Ein kleiner Teil der Gruppe (etwa ein Fünftel) geht hinaus; währenddessen vereinbaren die andern, was sie improvisatorisch darstellen wollen, z. B. „Phlegma", „Stress", „Schlechte Laune", „Leichtsinn", aber möglichst keine spezialisierten Situationen wie „Ärger über eine verhaute Arbeit". Nach der Vereinbarung beginnt man gleich zu spielen, ein Zeichen für die Rater von draußen, daß sie hereinkommen können. Sie hören sich die Musik eine Weile an und improvisieren dann mit, wobei sie Charakter oder Stimmung des Gehörten gut zu treffen versuchen. Erst nachdem alle eine Weile gespielt haben, kommt der verbale Austausch. Die Hauptgruppe stellt fest, ob sich die Rater beim Spielen gut in die psychische Situation, die das Spiel ausdrücken sollte, hineingefühlt haben; erst danach versuchen die

Rater, etwa das Wort oder den Begriff zu nennen, der diese Improvisation stimuliert hat. Interessant ist hierbei, daß die Hinzugekommenen beim Spielen den Charakter der schon begonnenen Improvisation meistens gut treffen, beim Raten von Wort oder Begriff aber unsicherer sind.

Diese Spielform ist wichtig für eine Gruppe, die bisher unter „Anpassen" bzw. „Homogenität" nur das Anwenden gleichartiger musikalischer M i t t e l verstanden hat, wie man es z. B. bei rhythmischen oder klanglichen Imitationsaufgaben lernt. Jetzt können sehr verschieden klingende Mittel angewendet werden, aber sie sollen Übereinstimmendes a u s d r ü c k e n . Durch den Vorgang des Sich-Einfühlens und Ratens lernen die Partner, sich in einem viel wesentlicheren Sinn zu „verstehen".

Bei szenischer Musik kann diese Improvisationsart Anwendung und Ausbau erfahren.

c)   Reaktionsstücke

Nach etwas Erfahrung in der obigen Spielform kann man eine ziemlich freie Art gemeinsamer Improvisation — auch in größerer Gruppe — versuchen:

V o r b e r e i t u n g : Die Spieler werden in zwei etwa gleich große Gruppen geteilt, die sich gegenübersitzen. Das Klangmaterial der beiden Gruppen sollte sich grundsätzlich kaum unterscheiden, am wenigsten in dynamischer Hinsicht. Es darf also nicht eine Gruppe mit lauten und eine mit leisen Instrumenten geben oder etwa eine Gruppe mit Melodieinstrumenten und eine mit Schlagzeug.

G r u n d s p i e l r e g e l : Die Gruppen stellen nun im Wechsel jeweils eine psychische Situation oder eine „Atmosphäre" dar, wobei die eine Gruppe immer auf das Spiel der vorigen reagiert. Worte oder Begriffe sollen nicht mehr verwendet werden, denn dadurch würde ja der musikalische Vorgang ständig durch Sprechen zerrissen. Die Einigung einer Gruppe über die Aussage eines Stückes geschieht auf rein musikalischer Basis: ein beliebiger Spieler beginnt mit einer in Klang und Bewegung charakteristischen Idee (ein Mot, ein Klangband o. ä.). Die andern Spieler seiner Gruppe hören eine kurze Weile zu und setzen dann in beliebiger Folge mit Beiträgen ein, die, auch wenn sie aus ganz anderen musikalischen Mitteln bestehen (z. B. punktuell gegen etwas Durchziehendes), Stimmung oder Charakter der ersten Idee treffen sollen. Alle Spieler bleiben bei ihrer eigenen Idee (wenn sie sie passend finden) und variieren sie ähnlich wie beim Motspiel, spielen sie einander zu und versuchen, die zu Beginn entstandene Atmosphäre zu erhalten. Um eine lebhafte R e a k t i o n bei der anderen Gruppe hervorzurufen, ist ein „extremer" Charakter mit „zugespitzter" Auswahl der Mittel geeigneter als ein wenig aussagendes Klangstück mit Einsatz komplexer Mittel. Das Stück der ersten Gruppe wird von der anderen Gruppe bis zum Ende ruhig angehört.

Die „Reaktion" der zweiten Gruppe soll wieder in einem Stück mit einheitlichem Charakter bestehen; es wird aber kaum möglich sein, daß zunächst nur e i n Spieler reagiert und die andern sich nach seiner Aussage richten; vielmehr werden oft mehrere Spieler zugleich spontan auf das vorige Stück reagieren. Ausgesprochene Gegensatzreaktionen sind hier ebenso häufig wie leichte klangliche oder rhythmische Abwandlungen des vorher gehörten Stückes. Nicht immer reagieren die Spieler einer Gruppe darin gleichartig. Doch sollte man versuchen, im Lauf des neuen Stückes eine einheitliche Aussage daraus zu machen, damit die andere Gruppe spürt, w o r a u f sie reagieren soll.

Die Improvisation zwischen zwei Gruppen geht nun mit beliebig langen, evtl. auch kaum vorhandenen, Pausen beim Wechsel weiter. Jedes der einzelnen Stücke kann etwa eine Minute dauern, doch sollen die aufeinanderfolgenden Stücke möglichst verschieden lang ausfallen, u. a. auch überraschende Kürzen aufweisen. Das Ganze verliert an Spannung, wenn es zu lange dauert.

E r w e i t e r u n g : Bei kleineren Gruppen und mit erfahrenen Spielern vereinbare man, daß nach einem längeren Wechselspiel die eine Gruppe in das Spiel der anderen eingreifen darf und daß das so entstandene Zusammenspiel beider Gruppen die Schlußphase bildet.

2. E r w e i t e r u n g : In Schulklassen käme auch eine Einteilung in drei bis vier Gruppen in Frage, wobei die Reihenfolge der Gruppen am besten vorher festgelegt wird. Das Instrumentarium müßte dann in allen Gruppen reichhaltig sein, so daß jeweils wirklich eine Auswahl der Klangmittel stattfindet.

Die „Reaktionsstücke" stellen schon einen ziemlich hohen Anspruch an die Kreativität und an den Consensus der Gruppe. Sie haben mit „Darstellender Improvisation" im Grunde nichts mehr zu tun; doch stehen sie an dieser Stelle, da sie aus der „Darstellung psychischer Zustände" als verwandter Kommunikationsart hervorgehen können.

d)   Uhrenladen   (Spielerzahl mindestens 9, am besten aber eine große Gruppe)

V o r b e r e i t u n g : Der Leiter deutet den Besuch eines Uhrenladens (im Schwarzwald) an: „Es ist gerade fünf Minuten vor ‚Voll'; an allen Wänden ticken die verschiedensten Uhren . . ." Die weitere Beschreibung der Klangatmosphäre und einzelner Vorgänge erfolgt mit Hilfe der ganzen Gruppe: silbrige und zarte hölzerne Tickgeräusche durcheinander; dazwischen eine Standuhr mit trägem, dunkel klingendem Pendelschlag; Kuckucksuhren. Natürlich gehen nicht alle Uhren richtig; einige gehen vor, man hört sie schlagen, bevor es „voll" ist. Schlagen die pünktlichen Uhren haargenau zur gleichen Zeit? — Sicher gibt es auch eine völlig falsch gehende Uhr. — Schließlich darf man nicht vergessen, daß die Uhren auch aufgezogen werden müssen.

Wie läßt sich dies alles darstellen?

1. K l a n g r o l l e : Zunächst sollte jeder Spieler herausfinden, wie s e i n e Uhr tickt. Für die (abgesehen von denen der Standuhr) hellen und zarten Tickgeräusche wählen die Spieler wahrscheinlich schon von sich aus dünne Schlegelstiele, dünne Stahlstäbe, das Drahtende eines Flötenwischers o. ä. zum Anschlagen. Man muß sich das Ticken auch bequem einrichten, entweder als ruhige lässige Pendelbewegung e i n e r Hand oder mit beiden Händen abwechselnd, damit man lange durchhalten kann. Einige Spieler werden die Vor-

stellung des Pendelns dadurch noch lebendiger machen, daß sie nicht „Tick-Tick"-Geräusche, sondern „Tick-Teck"-Geräusche erfinden, was auch meistens der Realität entspricht, und stecken mit dieser Idee viele Partner an. Damit der geheimnisvolle silbrige Gesamtcharakter des Klangs nicht verlorengeht, mischt man am besten nicht mehr als ein bis zwei dunkel tickende Standuhren ein. Es wäre gut, wenn alle Ticktempi vom sehr schnellen der kleinsten Uhr bis zum gemächlichen der Standuhr vertreten wären und wenn wirklich keins der Tick-Tempi sich nach einem anderen richten würde, sei es durch Gleichheit oder durch genau verdoppeltes Tempo. Ein oder zwei „alte" Uhren humpeln sicher auch beim Ticken.

2. K l a n g r o l l e : Wenn genug verschieden tickende Uhren gefunden sind, überlegt man, wie diese „aufzuziehen" wären. Kämme, gedrehte Stiele von Flötenwischern und Gegenstände mit geriffelter Kante lassen sich leicht auftreiben, an geeigneten Papierkörben und an Heizungsröhren kann man entlang „ratschen".

Den Anfang des Spiels, bestehend aus dem Aufziehen der Uhr und dem Beginn des Tickens, sollte man zunächst für sich ausprobieren: einer zieht auf, bis eine Uhr zu ticken beginnt, dann ertönt das nächste Aufziehgeräusch usw. Kann man zwischen Aufzieh- und Tickgeräuschen auch Beziehungen herstellen? Der Aufzieher könnte selbst einen zu ihm passenden Ticker wählen und ihn durch Anblicken zum Ticken auffordern, oder — noch besser — der Ticker, der sich durch ein bestimmtes Aufziehgeräusch angesprochen fühlt, beginnt von sich aus zu ticken. Für das Aufziehen einer Standuhr wird mit Genuß gerattert.

Kritiker können zuhören und Verbesserungsvorschläge geben: Haben Aufzieh- und Tickgeräusche zueinander gepaßt? Haben vielleicht nach einem Aufziehgeräusch gleich zwei bis drei Uhren zu ticken begonnen? Waren die Tickgeräusche einander zu ähnlich oder das eine zu laut, das andere so leise, daß man es nicht durchhörte? Folgten die Aufzieher einander so eilig, daß das Ticken einer neuen Uhr nicht immer in Ruhe wahrgenommen werden konnte?

3. K l a n g r o l l e : Auch das S c h l a g e n oder Kuckuckrufen der Uhren kann vor dem Gesamtablauf des Spiels ausprobiert werden. Die Spieler sollen damit bewußte Klangkontraste zum Ticken bringen: Fülle, Nachhall und beim Kuckuck auch Tönespiel gegen die Zartheit und Trockenheit der Tickgeräusche. Metallinstrumente und Baßxylophon eignen sich gut, auch Gitarreklänge. Sehr beliebt sind etwas „verrostete" Kuckucksrufe. Das „Schlagen" und das „Kuckuckrufen" sollen hinsichtlich Klang, Tonart und Tempo keine Beziehung zueinander haben, darin liegt der besondere Reiz beim Durcheinander-Schlagen vieler Uhren. Sehr verführerisch ist das Abspielen einer kleinen Glockenmelodie, etwa der des Westminster-Glockenturms, beim Stundenschlag. Soll man aber mehrere solcher Melodien während des Uhrenschlagens zulassen? Vielleicht lohnt es, dies gesondert auszuprobieren.

R o l l e n v e r t e i l u n g : Je nach Größe der Gruppe müssen die Rollen anders verteilt werden. In einer Klasse von 30 bis 40 Schülern kann man die drei Klangrollen Aufziehen — Ticken — Schlagen in gleicher Anzahl auf alle Schüler verteilen; bei 15 bis 30 Spielern ist eine Zweiteilung wohl günstiger, wobei die eine Gruppe erst „aufzieht" und später „schlägt", die andere nur tickt. Eine solche Einteilung bringt den Vorteil, daß die Ticker ununterbrochen weiterticken können. Man wählt die nötige Anzahl origineller und verschiedenartiger Aufzieh-, Tick- und Stundenschlag-Klänge aus. Zuhörer und Berichterstatter sind zusätzlich willkommen.

Schwieriger, aber auch interessanter für den einzelnen, wird der Ablauf bei einer kleineren Gruppe, die man in dieser Weise nicht aufteilen kann, da dann der Zusammenklang der tickenden Uhren zu dürftig ausfiele. Hier muß also jeder Ticker auch aufziehen und schlagen. Er muß alles Nötige bequem greifbar vor sich hingelegt haben, damit er das Ticken nur kurz zu unterbrechen braucht und nicht zu sehr von der Reaktion auf Partner und Gesamtablauf abgelenkt wird. Der Einsatz des einzelnen ist hier natürlich kreativer und verantwortlicher.

Gesamtablauf: Vor Beginn des vollständigen Spielablaufs sollte man noch einiges vereinbaren: Wieviel Uhr soll es sein? Sicherlich soll keine Uhr schlagen, ehe alle mitspielenden Uhren aufgezogen sind, und selbst dann könnte man noch eine Weile warten, um das vielstimmige Uhrenticken ungestört genießen zu können. Jede Uhr darf nur einmal ihre Stundenschläge geben! Die erste schlagende Uhr geht vielleicht stark vor. Wie reagieren die anderen Spieler darauf mit ihren Stundenschlägen? Woran hört man, daß die Stunde „voll" ist? Wie kann es auf den Schluß zugehen?

Damit die Nur-Ticker es nicht allzu langweilig haben, sollten sie einmal stehenbleiben dürfen und auf einen aufmerksamen Aufzieher, der sie wieder in Gang bringt, warten.

Wird die Gruppe solch einen Plan durchhalten können? Werden nicht doch aus Nachahmungstrieb quasi alle Uhren zugleich schlagen, und werden vielleicht einige Spieler aus lauter Vergnügen mehrmals ihre — sagen wir — sieben Schläge oder Rufe abgeben, so daß viel zu viele Uhren schlagen und das Ganze seine „Form" einbüßt? Die Jugendlichen werden das Spiel um so konzentrierter durchführen, je mehr Vorschläge sie vorher selbst geäußert haben. Der Leiter möge also keinesfalls gleich alles, was hier an Möglichkeiten für den Ausbau des Spiels genannt wurde, verraten. Wenn die guten Ideen sich erst allmählich mehren und man sich der Schwierigkeit des Spiels bewußt wird, so ist dies ein Anlaß, das Spiel gleich oder später noch einmal und besser zu versuchen.

Es könnte sich auch der Versuch lohnen, das Uhrenladenspiel in einer Gruppe fast ohne Vorbereitungen und „Vorwarnung" ablaufen zu lassen. Die Gefahr ist hierbei, daß ein solcher Versuch so ungeformt und turbulent ausfällt, daß das Ohr sehr strapaziert wird und daß darum beim nochmaligen Einsatz der gleichen klanglichen Mittel Überdruß eintritt. Darunter kann leicht die Bereitschaft zur Wiederholung und zum Ausbau des Spiels leiden.

e)   Anregung zu weiteren Spielideen

Beim „Uhrenladen" wie bei den Spielen „Metrum und Opposition" (s. S. 29) und „Nebelhörner" (s. S. 58) werden deutlich unterschiedene Klangrollen eingesetzt, die die Interaktionen der Gruppe motivieren und der Musik Spannung und ein bestimmtes Gepräge verleihen. Die jungen Spieler sollen einmal selbst die sie umgebenden Alltagsgeräusche beobachten und, wo es sich ergibt, solche gleichzeitig auftretenden, kontrastierenden Klangrollen heraushören. Z. B.: Hauptbahnhof einer Großstadt:

1. Klangrolle: Das Heranrollen der Züge (langsam und in ruhigen Zeitabständen),

2. Klangrolle: eine durchdringende Sirene (häufig ein lang ausgehaltener Tritonus) zur Warnung der Schienenarbeiter,

3. Klangrolle: eine durch Lautsprecher verstärkte und verfremdete Stimme ruft mehrmals den Namen der Stadt aus und dann „Zurückbleiben!",

4. Klangrolle: ein schriller Pfiff (nach „Zurückbleiben!").

Die lang ausgehaltenen Geräusche überschneiden einander immer wieder anders.

F r a g e : Läßt sich aus den akustischen Ereignissen bei einem Fußballspiel auch eine „musikalische" Darstellung mit drei bis vier unterschiedlichen Klangrollen machen? (s. S. 26)

f) Nebelhörner

Wie beim „Uhrenladen" entstand auch im folgenden Spiel die Idee zum schöpferischen Nachgestalten aufgrund eines Klangerlebnisses, das von einem realen Geschehen herrührte. Beide Klangvorgänge enthalten durch ihre Gebundenheit an eine bestimmte, außermusikalisch begründete Situation Atmosphäre, Einheitlichkeit und Variabilität, aber auch lebhafte Kontraste, die als verschiedene „Klangrollen" erlebt werden können. Man imitiert beim Nachschaffen nicht einen realen akustischen Prozeß mit allem „Zubehör", sondern wählt aus und gestaltet, was man an dem betreffenden Vorgang als „Musik" erlebte.

1. K l a n g r o l l e : Bei der Darstellung „Nebelhörner" sind die herrschenden Klangereignisse die Signale der Dampfer, die auf einem Fluß näherkommen, sich begegnen und langsam wieder aus der Hörweite verschwinden. Die Signale klingen ziemlich dunkel, durchdringend und rhythmisch träge. Jeder Dampfer verfügt nur über e i n e n Ton; er stößt damit ein lang ausgehaltenes Tuten aus, das aber auch eine bestimmte, sehr einfache rhythmische Einteilung haben kann, und pausiert eine Weile, ehe er von neuem tutet. Die Pausen sind sehr wichtig. Der Ton dieser Nebelhörner jault nicht und kann in sich weder zu- noch abnehmen; er setzt unvermittelt ein und hört ebenso plötzlich, wie abgeschnitten, wieder auf. Spieler, die selbst schon Nebelhörner beobachten konnten, sollen einmal vokal oder mit einem tiefklingenden Instrument ein typisches Nebelhornsignal vormachen. Die charakteristische Starrheit, die in dem unveränderlichen Ton und Rhythmus liegt, darf dabei nicht abgeschwächt werden. Gerade durch ihre Einhaltung entsteht die musikalische Atmosphäre, die faszinieren kann.

Beim Zusammenwirken der den einzelnen Dampfern zugehörigen Signaltöne besteht der besondere Reiz in ihrer auf Zufall beruhenden Verschiedenheit und unvorhersehbaren Folge. Die Verschiedenheit betrifft die Längen bzw. die rhythmischen Einteilungen des Tutens, außerdem — noch auffälliger — die Tonhöhen und Klangfarben der Signale. Beim Nachgestalten wird der Zufall durch das Aufeinanderhören der Partner so gut wie ausgeschaltet; statt dessen tritt die Versuchung zur Nachahmung und „Einordnung" in ungeeigneter Form auf: die meisten „Dampfer" tuten zunächst gleich lang und auf gleichen oder lieblich konsonanten Tonhöhen. Damit wird aber gerade das aufgehoben, was am realen Eindruck gefesselt hat. Die Spieler sollten also versuchen, sich beim Erfinden ihrer Signale ihre Unabhängigkeit zu bewahren. Wenn man aber im gleichen Raum und zugleich (bzw. dicht aufeinanderfolgend) „erfinden" soll, so bedarf es eines b e w u ß t e n Gegeneinanderspiels, um dem Nachahmungstrieb entgegenzuwirken. Hat also der erste Dampfer ein sehr langes Tuten, wählt der zweite ein kürzeres und der dritte vielleicht ein rhythmisch eingeteiltes Tuten usw. (vgl. „Längenspiel" in Rote Reihe Nr. 7). Die verschiedenen Tonhöhen, soweit auf dem Instrument variierbar, sollen größtenteils als Dissonanzen ohne jede tonale Beziehung auftreten. So wird aus der Nachgestaltung des Zufalls oder des aleatorischen Prinzips doch wieder ein Reagieren der Partner aufeinander im Sinne einer Emanzipation.

Das einzig Wandelbare im Klang eines Nebelhorns ist die jeweilige Lautstärke, die das „Kommen und Gehen" des Schiffes verrät. Wenn die Spieler viel Platz haben, können sie sich ein bestimmtes langes Flußbett in den Raum hineindenken. Auf diesem kommen die „Dampfer" tatsächlich von beiden Seiten her ruhig und in sehr langsamer Folge aufeinander zu, begegnen einander, ziehen wieder auseinander und stoßen gelegentlich ihre Signaltöne aus. In solch einem Fall entstehen dynamische Abwandlungen schon durch die Bewegung im Raum und brauchen nicht unbedingt noch durch die Spieler selbst verstärkt zu werden. In einem Raum aber, in dem jeder Vertreter eines Nebelhorns am Ort bleiben muß, ist die dynamische Abstufung von Signal zu Signal für die Suggerierung der Fortbewegung notwendig. Durch sie wird der akustische Eindruck „flutend", ohne daß die Starre des Tutens aufgehoben wird.

Auch wenn die Nebelhornspieler im Raum am Ort bleiben, sollen sie darstellen, daß sie nur e i n m a l „durchziehen"; sie führen also ihr ausgedehntes — von Signal zu Signal abgestuftes — Crescendo und Decrescendo in Ruhe aus, sind dann aber endgültig fort und können nicht noch einmal mit dem Tuten beginnen. Dies entspricht nicht nur der Realität von durchziehenden Dampfern, sondern es ist vor allem musikalisch wichtig. Die Klangsituation soll sich ja im Verlauf langsam, aber entschieden ändern, und das geschieht nicht, wenn man die Nebelhörner, die schon am Anfang erklangen, immer weiter hört. Etwas anderes ist es, wenn die Gruppe aus wenigen Spielern besteht, aber doch viele verschiedene Nebelhorntöne ins Spiel bringen will. Man kann dann vereinbaren, daß jeder Spieler, der einmal „durchgezogen" ist, etwas pausiert und dann mit einem n e u e n Ton, also als ein anderer Dampfer zum zweiten Mal durchzieht bzw. tatsächlich zurückwandert.

Geeignete Klangquellen sind vor allem mehr oder weniger dunkel klingende Blas- und Streichinstrumente, aus denen man rauhe, durchdringende Töne herausbringen kann. Die G-Saite einer Geige „röhrt" noch besser, wenn man sie etwas tiefer stimmt. Auch Tenor-Blockflöten sind verwendbar; sie müssen aber wegen ihres leisen Tons besonders berücksichtigt werden. Man kann sie den Beginn machen lassen; man kann auch versuchen, ihnen während des allgemeinen Tutens immer wieder Freiraum für ihren leisen Ton zu geben (wobei natürlich niemand eine Pause „dirigiert", sondern jeder Spieler nach eigenem Ermessen Rücksicht nimmt). Man kann die Nebelhörner auch vokal darstellen, evtl. mit Schalltrichtern. Besonders reizvoll ist das Entdecken spezieller Klangquellen zum Tuten: große Gießkannen, Tröten (Kazoos), Stühle, die man rückt, leere Flaschen, über deren Öffnung man bläst.

2. K l a n g r o l l e : Bei den langgezogenen Tönen der Nebelhörner stellt sich bald ein Bedürfnis nach rasanten rhythmischen Ereignissen ein. Ein solcher Kontrast zu den Nebelhornklängen ist auch in der Realität häufig vorhanden, und zwar in den hämmernden Geräuschen einer Schiffswerft. Man kann also am gedachten Flußufer eine oder zwei „Werkstätten" aufbauen, die sich mit scharfen und grellen Schlagklängen — hier auf Metall, da auf Holz — bemerkbar machen. Die Spieler solcher „Hämmer" werden zunächst

sicher pausenlos schlagen, vielleicht sogar mir rhythmischer „Lebendigkeit" und freundlichen „Motiven" ein „Nägelchen" einklopfen. Damit gehen sie an ihrer musikalischen Rolle vorbei: sie sollen das Klangereignis der tutenden Nebelhörner ja nicht zudecken oder „begleiten", sondern nur durch gelegentliche Schlagaktionen Kontraste geben. Lange Pausen sind wieder einmal Trumpf. Zum andern: man stellt ja eine Maschine, einen rücksichtslosen toten Hammer oder ähnliches dar und sollte sich in diese Rolle so hineinversetzen, daß man in irgendeiner Weise starre Schlagfolgen mit erschreckend lärmendem Charakter macht. Die Variationsmöglichkeit kann im Ändern der Pausen oder im Wechsel der Schlagstellen und im Einsetzen von „Lärmschocks" bestehen.

Falls von zwei Stellen her Werftgeräusche erklingen, sollten die betreffenden Spieler ihre Schlagrhythmen nicht gedankenlos einander angleichen, sondern lieber bewußt gegensätzlich halten.

Die jungen Spieler werden mit Vergnügen ihre Werftgeräusche ausfindig machen, wenn nur genug Brauchbares zur Verfügung steht: Blechbüchsen, Hammer, Waschbrett, Holzkästen, Eisengestelle.

3. K l a n g r o l l e : Schiffe, die vor Anker liegen, machen sich bei Nebel durch eine Glocke bemerkbar. Man kann also ein oder zwei — nicht zu helle und niedliche — Glockentöne als dritte Klangrolle einsetzen; diese ist aber vom Musikalischen her nicht ganz so wichtig wie die der Nebelhörner und Werfthämmer. Die Schiffsglocke sollte sparsam angewendet werden und nur an gut geeigneter Stelle einsetzen.

4. K l a n g r o l l e : Bei viel Platz und genügend geübten Spielern läßt sich vielleicht noch ein Küstennebelhorn einbeziehen. Dieses signalisiert anders als Schiffsnebelhörner. Es bleibt am Ort, gibt aber sein Signal gezielt ab, und zwar nach etwa drei verschiedenen Richtungen hintereinander. Für den Hörer aus mäßiger Entfernung kann das so klingen: ███ ▬▬▬ ▬▬▬ (Das Gleiche — nach längeren Pausen — immer wieder.) Der Signalton wechselt dabei außer der Dynamik auch ein wenig die Klangfarbe oder den Vokal. Es lohnt zum mindesten den Versuch, diesen „zuständlichen" Vorgang als Musik darzustellen und bei Einhaltung e i n e r Tonhöhe drei abgestufte Klangfarben zu finden. Man kann für dieses Signal auch, wie es oft der Realität entspricht, zwei gleichzeitig auftretende Töne verwenden.

Ob die Einbeziehung eines solchen Küstennebelhorns sich für den akustischen Gesamtvorgang günstig oder ungünstig auswirkt, sollte von einer Zuhörergruppe entschieden werden. Es kommt hier u. a. darauf an, daß sämtliche Spieler zwischen ihren Aktionen genügend Luft lassen; so kann das Küstennebelhorn immer wieder, wenn auch unregelmäßig, durchgehört und vielleicht in seiner Gegenrolle als stets gleichbleibender Vorgang erlebt werden.

A u s w a h l   w e i t e r e r   K l a n g m i t t e l : Meist fallen den Spielern noch andere klingende Beiträge zur Situation „Fluß bei Nebel" ein, z. B. möchte man zu allem andern noch das Rauschen des Flusses hören lassen und beginnt auf dem Klavier begeistert ein schwungvolles Wogenspiel. Solche Ideen kommen aber mehr aus dem „Denken" als aus dem Hörerlebnis (s. S. 12). Ganz abgesehen davon, daß man „real" neben Nebelhörnern und Werfthammer kaum ein Wassergeräusch wahrnehmen könnte: musikalisch betrachtet, kann ein dauerndes, auffälliges Wasserrauschen nur „aufweichen", was uns am Zusammenwirken von Nebelhörnern und Werfthämmern in Spannung versetzt.

Man muß den jungen Spielern klar machen, daß nicht jeder von realen Vorstellungen bezogene Einfall die Musik verbessert; vielleicht probiert man den Vorgang mit und ohne Wasserrauschen aus und fragt die Spieler, wobei sie akustisch mehr erleben. Manchmal verleiht jemand seinem Riesendampfer, der gerade vorbeikommt, außer einem dröhnenden Nebelhorn noch ein tief surrendes und malmendes Motorengeräusch. Das ist gut, aber nur, wenn es bei ein bis zwei und nicht bei allen Dampfern geschieht.

In einer Schulklasse oder großen Gruppe sollten bei diesem Spiel immer einige Beteiligte zuhören; diese können den Gesamteindruck besser beurteilen als die von ihrer eigenen Aufgabe absorbierten Spieler.

Daß der Vorgang „Nebelhörner" hier als letzte Spielregel stelt und mit solcher Ausführlichkeit behandelt wurde, hat verschiedene Gründe. Das Spiel bedeutet zwar die Nachgestaltung eines realen akustischen Prozesses, stellt aber hohe Ansprüche an die Ausführenden. Lang ausgesponnene Töne, langsame Tempi, lange Pausen bilden den strukturellen Grundtenor des Ablaufs, in den sich jeder Spieler einfügen muß, wenn er den spezifischen Charakter des Vorgangs treffen will. Hierzu sind Spieler unter 16 Jahren selten bereit, wohl auch kaum imstande.

Der Anteil an Kreativität ist für den einzelnen mit der Entscheidung für sein Klangmaterial und evtl. für die rhythmische Aufteilung des Signals mehr oder weniger abgeschlossen. Was für die Vertreter der Nebelhörner noch an Freiheit bleibt, ist die Wahl des jeweiligen Zeitpunkts für die Wiederholung des Signals. Hierfür sollten sie die Partner ständig bewußt hören und trotzdem nicht die Verfolgung ihres eigenen Crescendos und Decrescendos vergessen. (Man versuche aber auch, ob es sich bewährt, wenn die Signalspieler nicht partnerbezogen, sondern mechanisch, jeder nach seiner selbstbestimmten Schritt- oder Pulszahl als gleichbleibender Pausenlänge, wieder einsetzen.) Die Darsteller von Werfthämmern haben die eigentliche improvisatorische Rolle im Spiel. Darum wird diese Rolle am beliebtesten sein und sollte immer wieder ausgewechselt werden.

Eine solche Darstellung ist weniger eine Gruppenimprovisation als ein „Team-Work", bei dem jeder Beteiligte ziemlich bestimmte Aufgaben erfüllt und zugunsten des Ganzen manchen Verzicht leistet. Aus dem Erleben, wie streng eingehaltene Klangtypen und bewußte Gegensätze sich für den musikalischen Gesamteindruck auswirken, erwachsen wertvolle ästhetische Erkenntnisse; aber was hierbei in der Gruppe geschieht, ist ebenfalls wichtig: es ist ein Rollenspiel, bei dem jeder am besten zum Ganzen beiträgt, wenn er sich in seiner Rolle unnachgiebig behauptet.

Der dieser Spielidee zugrundeliegende reale Prozeß wurde hier sehr genau beschrieben, vielleicht reichlich „autoritär" für eine Anregung zum Improvisieren. Dies geschah mit Rücksicht auf die Leser, die derartiges noch nicht selbst erleben konnten. Die Beschreibung der akustischen Realitäten soll das Atmosphärische des Geschehens näherbringen und die Klangphantasie anregen. Der reale Vorgang als solcher interessiert hier nicht, sondern das Zusammenspiel gegensätzlicher musikalischer Kräfte ist die eigentliche Motivierung für die Nachgestaltung. Je älter die Spieler sind, umso mehr werden sie sich von der „Vorlage" lösen und auf das gruppendynamisch und musikalisch Wesentliche konzentrieren können.

ROTE REIHE